민중가요와
5월운동 이야기

5·18연구소 학술총서

그래도
우리는
노래한다

정유하 지음

일러두기

음악과 관련한 표기에서 곡명에는 〈 〉, 앨범명에는 ≪ ≫를 사용해 구분했습니다. 그 밖에 책 제목
에는 『 』, 논문과 시, 희곡 제목에는 「 」, 신문이나 잡지, 영화, 방송 프로그램, 연극, 노래극 제목에
는 ≪ ≫를 사용했습니다.

이 도서의 국립중앙도서관 출판예정도서목록(CIP)은 서지정보유통지원시스템 홈페이지(http://
seoji.nl.go.kr)와 국가자료공동목록시스템(http://www.nl.go.kr/kolisnet)에서 이용하실 수 있습
니다.

CIP제어번호: CIP2017009791(양장), CIP2017009792(반양장)

들어가며

1980년, 유신시대가 마감되었으나 새로운 군사정권이 들어섰다. 1980년대는 또다시 대중가요조차도 저항의 뉘앙스가 느껴지면 곧바로 금지곡이 되거나 가사를 바꾸어야 하는 시절이 되었다. 그런데 1989년, 한 해가 기울어가던 어느 날부터 방송에서 조심스럽게 사랑노래도 아니고 이별노래도 아닌 노래가 들리기 시작했다.

> 솔아 솔아 푸르른 솔아 샛바람에 떨지 마라
> 창살 아래 내가 묶인 곳 살아서 만나리라

'어, 이런 노래가 나와도 되나?' 박정희 정권 이래로 온 국민은 국가권력과 국가의 취향에 대한 극도의 조심성이 몸에 배어버렸다. 오랜 '두려움과 눈치의 시기'를 살아온 사람들은 이런 사회성 농후한 노래를 듣는 것이 불안했다.

물론 이러한 음악문화가 느닷없이 솟아오른 것은 아니었다. 여기에는 신파조의 대중음악에 대한 반성과 각성으로 1977년부터 만들어지기 시작한 대학 내의 노래모임과 그 구성원들의 용기 있는 투신의 삶이 큰 몫을 했다. 사회운동과는 관련이 없던 가객들도 사회운동을 돕기 시작하면서 노래운동에 몸담기도 했고, 어떤 이는 노래를 수단으로 들고 사회운동에 뛰어들기도 했다. 또한 민주화운동에 몸 바쳐, 인생 바쳐 모진 세월을 살아낸 선배들, 광주 5·18민주화운동, 폭도라는 오명을 벗으려 몸부림쳤던 5·18 희생자 가족들, 소위 운동권이라고 불린 이들, 6월항쟁, 계속된 노동운동 등의 역할이 컸다. 비합법 카세트테이프들을 통해 보급된 노래들은 집회와 시위의 장소에서 목 놓아 부르는 투쟁과 격려, 그리고 위로의 노래가 되었고 집회와 시위에 참가한 사람들의 애창곡이 되어갔다. '노래를 찾는 사람들'의 활동은 또 한 번의 용기 있는 도약이 되었다. 십수 년이 걸리기는 했지만 비합법 카세트테이프에 실려 보급되던 노래들이 합법적인 앨범에 실려 대중의 손에 들어가기까지 이처럼 많은 투신의 삶이 필요했다.

이 글은 1980년 5·18민주화운동을 중심에 두고 시작한다. 그러나 5·18의 맹아는 저 멀리 4·19학생운동과 6·3항쟁 등 깨어 있는 학생들의 용기에서 시작되었다. 5·18은 처음부터 민주화운동이었으며 통일을 담고 있었다. 왜 시민들은 광주의 도청 앞 광장에서 〈우리의 소원(은 통일)〉을 불렀으며 〈봉선화〉를 불렀을까? 5·18민중항쟁의 10일 동안 시민들은 왜 그토록 목이 터져라, 혹은 목이 메어 〈애국가〉를 불렀을까?

학생운동을 하던 일부 친구들은 교사가 되었고 전교조운동에 투신했다. 탈춤반 학생들은 야학을 운영하면서 노조활동을 지원했고 문

화운동을 전개했다. 극회 '광대'를 막 만들었던 학생들은 궐기대회를
주관하게 되었고 수배를 피해 도망 다니다 운동권이 되어버렸다. 이들
은 여가 시간에 민중가요를 즐겨 불렀고 때로는 사회운동의 현장에서
운동의 수단으로 사용했다. 대부분의 민중가요는 이들을 통해서 지금
까지 전해졌다.

　　5·18 이래로 창작되기 시작한 민중가요는 민주화와 노동을 주제
로 조심스럽게 만들어지다가 1987년의 6월항쟁을 거치며 노동가요로
폭발적으로 양산되었다. 이 무렵 민중가요를 부르는 양식이 달라졌고,
운동권 어떤 이의 말대로 그 수준도 달라졌다. 세월을 지내놓고 보니
모든 사회운동은 연결되어 있었고, 여러 종류의 민중가요도 서로 상부
상조하면서 성장하고 있었다. 창작자들의 세계에서도 예기치 않은 일
들이 일어났다. 노래에 관해서는 부를 줄만 알았지 음악에는 크게 관
심이 없었던 친구가 현장의 요구에 부응하기 위해 노래를 창작하기 시
작했고, 집회의 무대에서는 구호를 외치는 대신 노래를 부르기 시작했
으며, 고시를 준비해야 할 사회과학 학도가 노래운동의 선봉이 되었
다. 우연히 창작된 노래가 전국을 강타하기도 하고, 1960년대에 만들
어져 금지된 대중가요가 민중가요로 탈바꿈되기도 했다. 이 모든 현상
은 5월운동* 과정에서 일어났다.

————
*　　여기서 5월운동이란 1980년 5월 27일 도청 함락 후, '광주 민중항쟁의 진상을
　　규명하고 학살자를 처벌하며 5월정신을 계승하여 한국 사회를 민주화하려는
　　1980년 6월 이후의 민주화운동'을 말한다. 정근식, 「민주화와 5월운동, 집단적
　　망탈리테의 변화」, 나간채 엮음, 『광주민중항쟁과 5월운동연구』(전남대학교
　　5·18연구소, 1997), 164쪽.

1980년에 일어난 5·18민중항쟁은 5월 27일 계엄군에게 도청이 함락되면서 5·18사태로 낙인찍히고 실패한 저항으로 끝나는 듯했다. 광주에서 일어난 항쟁의 민낯을 목도하고 남아 있던 자들은 현장에서 끝까지 함께 싸우지 못했다는 자책감과 부채의식으로 괴로워했고, 희생자와 부상자들은 폭도라는 누명을 뒤집어쓴 채 좌절감으로 힘들어했다. 그러나 부채의식과 억울함은 결국 저항의 에너지가 되었고 그들은 탄압과 박해를 받아가면서도 진실 규명을 위해 싸워나갔다. 이러한 움직임은 5·18항쟁 기간에 시민들이 자발적으로 공동체를 형성해 총제적인 활동을 했던 것처럼 유족회, 부상자회, 구속자가족회 등 여러 집단의 형성으로 이어졌고, 이들 집단은 각자의 목표에 따라 다양한 활동을 따로, 때로는 함께 전개해나갔다. 더불어 진실을 알리려는 전국 대학생들의 노력까지 더해져 미흡하나마 이제는 어느 정도 5·18의 진상이 규명되었다. 이 지점에 이르기까지 셀 수 없이 많은 집회가 있었고, 이러한 집회들은 점차 문화운동의 양상을 보여주었다. 억울함이 노래극으로 표현되었고, 주장하고자 하는 말이나 주요 이슈들은 노래로 만들어졌다. 이제는 대한민국 최고의 민중가요가 되었을 뿐만 아니라 세계를 향해 뻗어나가고 있는 민중가요 〈임을 위한 행진곡〉도 5·18 희생자인 윤상원의 영혼결혼식이 배경이 된 노래극 ≪넋풀이≫에 담긴 노래다.

  이러한 과정에서 만들어진 노래들은 민중가요라는 용어로 정립되고 성장했으며 활발한 노래운동이 뒤따랐다. 1980년을 전후해 지역에서 노래들이 더러 발표되곤 했으나 대개는 발표된 지역에 머물러 있었던 것이 5·18 이후로는 전국으로 확산되었다. 해결해야 할 현안을 다룬 시사성 있는 노래라면 생산지와 생산자는 문제 되지 않았고 비합법 테이프로 제작되어 전국으로 배급되었다. 점차 노래는 집회와 시위에 필수 불가결한 수단이 되었고 운동집단에 에너지를 공급하고 추동하는 기제가 되었다.

특히 1980년 5월 27일부터, 전두환과 노태우 전대통령의 처벌이 결정되고 5·18이 국가기념일로 지정된 1997년까지의 5월운동 기간에 노래가 광주전남*을 비롯한 전국에 미친 영향은 결코 과소평가할 수 없다. 집회 및 시위가 금지된 시대에도 사람들은 '노래공연'이라는 형태의 모임을 통해 아픔과 위로를 나눌 수 있었으며 저항의 의지를 다질 수 있었다. 연극이나 마당극 등, 소수 전문가집단에 의해 주도되고 펼쳐지던 문화운동의 경향이 '노래'로의 방향 전환을 통해 절대다수인 대중을 흡수할 수 있게 되었고, 대중은 노래를 통해 시대감각과 투쟁의식을 공유할 수 있었다.

많은 희생과 각고의 노력 끝에 1997년부터 광주의 5·18은 민주화운동으로 인정받았고, 5월 18일은 국가기념일로 제정되었으며, 어느 정도의 진상 규명도 이루어졌다. 반면, 중요한 역할을 감당했던 5월의 노래들은 이제 점차 힘을 잃어가고 있으며 잊혀가고 있다. 국가기념일 제정 등이 감사할 일이기는 하지만 덕분에 5월을 기념하는 많은 행사는 박제화되어가고 있고, 힘 있던 민중가요는 설 자리를 찾지 못하고 있다. 사람들은 5월을 추억하는 듯한 서정적인 노래만을 찾아 부르며, 드물게 창작되는 노래는 획일적으로 순화되어가고, 심지어 눈치 보는 '노래 부르기'만 남아 있다. 다행히 5·18기념재단과 5·18기록관의 활

―――
*   1980년에는 광주가 전남에 소속되어 있었고 전남도청도 광주 금남로에 위치해 있었다.

동으로 5월운동과 관련한 많은 자료가 차츰 음지에서 양지로 나와 제자리를 찾아가고 있으나, 그럴수록 불행하게도 5월의 노래들은 점차 잊혀가고 있으며 이에 대한 연구도 미비하다.

햇볕을 받는 것 중에 퇴색하지 않는 것이 없다지만 시간의 뒤안길로 완전히 사라지기 전에 붙들어야 할 것들이 있다. 5월운동과 관련한 노래도 그들 중 하나다. 30여 년의 시간을 보내면서 변해가는 대중의 취향으로 이미 놓쳐버린 노래들도 있지만, 당시 운동의 중심에 있었던 문화운동권의 도움으로 아직은 이 작업이 가능했다. 특히 창작 배경이 알려진 노래나 특별한 사연을 가진 노래들은 그 이야기들을 노래와 함께 기록해둠으로써 그 시기에 지녔던 역사적 가치까지 한데 묶어 정리하려고 했다.

5월운동 기간이라고 하지만 이 시기의 초반에 부른 노래들은 사실 그 이전부터 불러온 노래들이었다. 그러므로 1960~1970년대에 불렀던 노래부터 지금까지 5·18과 관련한 행사나 집회, 시위에서 불렀던 모든 노래가 5월운동과 관련이 있다. 그래서 여기에 소개되는 노래들은 1960~1970년대 학내외에서 불렀던 학생운동가요와 1980년 봄, 5·18민중항쟁의 현장에서 불렀던 노래, 1980년대 이후 5월운동의 과정에서 불렀던 민중가요를 그 대상으로 한다.

이 글은 노래에 관한 이론이 아니다. 노래의 탄생 배경, 그리고 그 노래를 부르게 된 경위나 장소 등을 조사하여 기록한 글이다. 목숨 걸고 벌였던 노래운동의 역사가 사라질까 걱정하여 기록한 부분들인 것이다. 이론의 정립은 더 많은 조사와 정리가 이루어진 후에 가능할 것이다. 여기 아직 부족한 기록은 노래운동에 몸 바쳤던 존경스러운 선배와 후배들에게 드리고자 한다.

마지막으로 이 글을 쓸 수 있도록 지원해준 5·18연구소와 격려해 주신 5·18연구소의 박해광 소장님, 송한용 소장님, 그리고 애초에 이러한 기록을 과제로 일깨워주신 이용교 교수님과 나간채 교수님께 깊은 감사를 드린다.

2017년 5월
정유하

1장

1960~1970년대

학내외에서 불렀던

학생운동가요

1960년대 학내외에서는 주로 한일협정 반대운동과 부패한 정권에 대한 저항이 있었다. 음악운동이라고 할 어떤 징후도 없었지만 청년학생들은 만나면 노래를 불렀다. 물론 집회와 시위의 장소에서 부른 것은 아니었고 그들의 회합이나 뒤풀이를 하는 막걸릿집에서 주로 불렀다고 한다. 노래는 일제강점기에 만들어진 가곡부터 외국에서 들어온 운동가, 때로는 기존의 노래에 가사를 새로 붙인 '노가바(노래 가사 바꿔 부르기)'도 있었다.

1970년대는 대학군사훈련 반대, 일명 교련 반대 투쟁, 유신정권 반대 같은 반독재 투쟁의 시기였다. 박정희 정권이 '10월유신'을 선포한 후 학생들은 패배주의와 무력감에 젖어들었고 미국 반전문화의 영향까지 겹치면서 독특한 '청년문화'가 생겨났다. 통기타, 생맥주, 장발, 미니스커트, 청바지 등이 청년의 상징이 되었다. 그들의 문화와 무력감은 당시의 영화 ≪바보들의 행진≫에서도 확인할 수 있다. 영화에 나오는 장발 단속, 음주 문화, 무기한 휴강, 미팅, 도피성 입대 등은 그 시절 젊은이들의 문화였고, 군 입대 신체검사에서 탈락한 데다 순자에게 거부당하기까지 한 영철의 자살은 젊은이들의 어쩌지 못하는 좌절감, 바로 그것이었다. 이 영화의 OST인 송창식의 〈고래사냥〉, 〈왜 불러〉, 김상배의 〈날이 갈수록〉 등은 그 시대 청년들의 노래였다.

정치 현실과 특별한 관련이 없어 보이는 구전민요 〈진주난봉가〉도 1970년대 운동권 학생들의 좌절감을 표현하는 노래일 것이다. 학생들은 학생운동을 하다 잡혀간 친구들을 생각하며 텅 빈 교정에서 박건의 〈지금 그 사람 이름은 잊었지만〉을 부르기도 하고 "지금 그 사람 이름은 잊었지만"으로 시작하는 박인희의 〈세월이 가면〉도 불렀다고 한다. 어떤 사람들은 힘든 상황일수록 좌절 속에 머무르기를 거부한다. 그들은 어려움을 인정하지만 꿈꾸기를 멈추지 않고 희망을 노래한다. 〈사노라면〉이 그러한 노래다.

전남대 '독서잔디', '루사', '얼샘', 조선대 '한얼회', '탈춤반', '운사', '불교학생회'와 같은 학내 서클(동아리)의 멤버들은 점심시간마다 자신들의 장소에서 도시락을 나눠 먹으며 선배에게서 앞서 언급한 노래들을 배웠다고 한다. 앞서 말한 노래들 외에도 〈농민가〉, 〈선구자〉, 〈우리 승리하리라〉, 〈흔들리지 않게〉, 〈진달래〉, 〈해방가〉, 〈스텐카라친〉과 같은 노래들도 있다. 이러한 서클들은 시위를 주도하는 실천적인 모임이라기보다는 이론을 배우고 사회의 현실을 자각하는 정도에서 멈추었던 듯하다. 그러나 어디에선가 갑작스럽게 시위가 시도되면 자연스럽게 이러한 동아리에 속한 학생들은 그곳에서 배운 노래 〈우리 승리하리라〉 혹은 〈흔들리지 않게〉를 부르며 합류하기도 했다. 그들은 최소한 잠재적 시위군으로 준비되어 있던 셈이다.

1. 선택받은 노래들

앞서 밝힌 대로 음악운동이라는 개념도, 민중가요라는 개념도 없었던 1960~1970년대에는 사회운동을 하던 주체들이 주로 기존의 노래를 선택하여 의미를 부여하거나 재해석해 부르곤 했다. 그러한 노래들에는 대중가요, 대학 동아리의 단가, 민요, 연극의 주제가, 복음성가 등이 있다.

하나, 〈사노라면〉
그래도 꿈꾸는 노래
——

60년대 학번부터 70년대 학번의 학생들뿐만 아니라 당시의 노동자들도 자주 불렀다고 기억하는 〈사노라면〉은 대중가요로 발표되었다.• 운동권이 아니라도 전후(戰後)에 비가 새는 판잣집에서 고단한 세월을 살았던 기성세대와, 군사정권하에서 부당한 치리에 저항할 때마다 무력으로 진압당하면서 매번 좌절감을 맛보았던 세대라면 술잔과 함께 감상에 빠져 실낱같은 희망을 실어 부른 노래가 이 〈사노라면〉일 것이다. 1979년에 로케트건전지에 입사해 노조활동을 전개했던 윤청자도 〈야근〉, 〈농민가〉, 〈투사의 노래〉 등과 함께 〈사노라면〉을 많이 불렀

——

• 　김상윤 인터뷰(2014.4.28); 송정민 인터뷰(2014.7.14); 윤청자 인터뷰(2016. 12.28).

사노라면

김문응 작사
길옥윤 작곡

사 노 라 면 　 －언 젠 가 는 　 －좋 은 －
비 가 새 는 　 －판 잣 집 에 　 －새 －우

날 도 오 겠 지 　 흐 린 날 도 　 －날 이 새
잠 을 잔 대 도 　 고 －운 님 　 －함 께 라

면 　 해 가 뜨 지 않 더 －냐 －
면 　 즐 거 웁 지 않 더 －냐 －

새 파 랗 게 젊 다 는 게 한 밑 천 인 데
오 손 도 손 속 삭 이 는 밤 이 있 는 한

쩨 쩨 하 게 굴 지 말 고 가 슴 을 쫙 펴 라
한 숨 일 랑 쉬 지 말 고 가 슴 을 쫙 펴 라

내 일 은 해 가 뜬 다 내 일 은 해 가 뜬 다

다고 말한다. 당시의 고단한 삶과 정서가 구체적인 단어로 표현되어 있으면서, '그럼에도 불구하고 희망'을 실어 만든 가사다. 그런데 잠시 방송에서 들리던 이 노래가 어느 순간에 사라졌다. 그러나 노래는 오랫동안 학교 선후배들 사이에서, 그리고 노동자들 사이에서 구전으로 전해져 왔다. 60년대 학번이 불렀던 노래가 70년대, 80년대 학번의 후배들에게까지 전해져 왔으니 길게 사랑을 받은 노래다. 그러다 1980년대 초반, 노래운동이 전개되기 시작하면서 대학가 운동가요집에 작자 미상으로 실리기 시작했다. 〈사노라면〉은 누가 만든 노래일까?

2004년에 가요평론가 박성서가 소장한 음반을 공개함으로써 노래의 베일이 벗겨졌다.* 1966년 쟈니 리의 독집 앨범 ≪쟈니 리 가요앨범≫의 1면 세 번째 트랙에 수록되어 발표된 노래였다. 원제목은 〈내일은 해가 뜬다〉로 김문응이 가사를 쓰고 길옥윤이 작곡했다. 김문응과 길옥윤은 유명한 작사가, 작곡가다. 이 노래가 지속적으로 불리면서도 작자 미상으로 알려졌던 이유는 1967년에 금지곡으로 지정되었기 때문이다. "사노라면 언젠가는 좋은 때도 올 테지"라는 가사가 '현실 부정적'이라는 이유로 금지곡이 된 것이다. 지금은 집회와 시위의 장소에서뿐만 아니라 노래방에서도 자주 불리고 있으니 노래 자신의 자리로 돌아간 셈이다.

이 노래의 제목이 〈내일은 해가 뜬다〉에서 〈사노라면〉으로 바뀐 것처럼 약간의 변화나 변질이 발생하는 경우도 있지만, 가끔 이 노래처럼 대중가요의 자리에서는 금지곡이 되어 사라졌으나 운동권의 입에

---

* 위키백과, "내일은 해가 뜬다"(https://ko.wikipedia.org/wiki/내일은_해가_뜬다); "'사노라면' 원작자 찾았다", ≪스포츠한국≫, 2004년 9월 19일 자.

서 입으로 전해지면서 살아남은 노래들이 있다. 이처럼 사회운동의 문화는 기득권문화 혹은 대중문화와 거리를 두기도 하지만 오히려 대중문화의 '지킴이' 역할을 할 때도 있다.

둘, 〈우리 승리하리라〉
미국의 인권운동가요

─

해방신학은 20세기 중·후반에 정치적 억압과 경제적 수탈, 그에 따른 엄청난 빈부 격차와 구조화된 실업과 문맹*의 문제를 가진 라틴 아메리카의 가톨릭 신학자들을 중심으로 태어났다. 1960~1970년대 우리나라의 상황도 라틴 아메리카의 상황과 많이 다르지 않았다. 이러한 상황을 인지한 한국교회는 해방신학의 영향을 받았고 한반도의 현실문제에 관심을 가졌다. 기독교 운동단체들과 일부 교회는 반유신 투쟁에 적극 나서면서 운동권 학생들의 튼튼한 울타리가 되어주었다. 이러한 조직을 중심으로 활동하던 학생들은 자연스럽게 복음성가, 찬송가, 흑인영가 등의 노래를 부르게 되었고 미국에서 들어온 반전운동가들도 자연스럽게 대학 내 운동권으로 흡수되었다. 이렇게 다수의 기독교 관련 노래는 자연스럽게 데모노래가 되었다.

1970년대의 학생운동은 기독교와 떼어서 생각할 수 없다. 전국민주청년학생총연맹 사건의 주역인 이철도 『다시 민주주의를 묻는다』

─────
* 　박만, "해방 신학의 배경", 『현대 신학 이야기』(살림, 2004).

우리 승리하리라

Charles A. Tindley 글, 곡

우리 승리하리라 우리 승리하리라
두려움이 없 — 네 두려움이 없 — 네
손에손을 잡 — 고 손에손을 잡 — 고
평화롭게 살 리라 평화롭게 살 리라
그의품에 거 하리 그의품에 거 하리

우리승리하리 그 날 — — 에 오 —
두려움이 없 네
힘을합하리 라
평화롭게 살 리
그의품에 살 리

참 맘으로 나 는 믿 네

우리승리하리라 — — — — —

(2014)에 "더욱이 학생들의 많은 숫자가 기독교 학생들이라는 점에서 한국교회와 박정권은 일대 공방전을 방불케 했다"고 썼다.˙ 서울에서는 KSCF(한국기독학생회총연맹), NCC(한국기독교교회협의회), 서울제일교회(박형규 목사 시무), 새문안교회 대학생부 등이 기독교 사회운동의 중심이 되었다. 이 지역 학생들도 YMCA(기독교청년회), YWCA(기독교여자청년회), EYC(기독청년협의회) 등과 사회운동에 관심을 가지고 있는 진보적인 교회의 도움을 받으면서 활동을 전개했다. 진보적인 기독청년단체인 EYC가 펴낸 복음성가곡집 『젊은 예수』, 『노래하는 예수』에는 기존의 번안곡, 저항가요화된 복음성가와 함께 새롭게 창작된 저항가요도 들어 있었다. 1960년대 말 미국의 흑인인권운동에서 불렸던 복음성가가 이런 종류의 책에 실리면서 쉽게 학생운동권으로 스며들었고 동시에 미국 청년문화 속에 번져 있던 반전노래도 실렸다. 〈오 자유〉, 〈가라 모세〉, 〈미칠 것 같은 이 세상〉, 〈우리 승리하리라〉, 〈우리의 믿음 치솟아〉, 〈흔들리지 않게〉 등이 그러한 노래들이다. 또 〈혼자 소리로는〉, 〈황색 예수〉, 〈고백〉, 〈자랑스런 노동자〉, 〈여공일기〉, 〈편드시는 주님〉, 〈저 놀부 두 손에 떡 들고〉, 〈살아온 이야기〉, 〈모두들 여기 모였구나〉, 〈노동의 새벽〉 등 일명 데모송들도 실려 있다.

저항가요화된 복음성가들에는 처음에는 순수 기독교적인 복음성가였으나 어떤 목적을 위해 사용되면서 개사되거나, 원곡과는 다르게 변해버린 노래들도 있었고, 처음부터 사회운동의 의도를 가진 노래들도 있었다.

˙　이철, 「내가 겪은 민청학련」, 『다시 민주주의를 묻는다』(2014), 28쪽(민청학련 40주년 심포지엄 자료집, 2014.4.3).

저항가요화된 복음성가 중 하나인 〈우리 승리하리라〉의 원곡은 흑인 목사 찰스 앨버트 틴들리(Charles Albert Tindley, 1851~1933)가 작곡한 순수한 복음성가로, 〈I'll Overcome Someday〉다. 이 노래는 1940년대 초에 흑인 직물공원들이 노동쟁의운동 과정에서 부르면서 저항가요가 되었고, 다시 1955~1968년에 계속된 미국의 공민권운동(African-American Civil Rights Movement)에서 참여자들은 이 노래를 주제가처럼 불렀다. 특히 '인종차별 철폐'와 '일과 자유를 달라'는 캐치프레이즈를 걸고 진행된 1963년의 '워싱턴 대행진' 후 이 노래는 더욱 큰 의미를 갖게 되었다. 당시 마틴 루터 킹(Martin Luther King Jr.) 목사의 유명한 연설 "I have a dream"이 끝난 후 저항음악 가수들인 밥 딜런(Bob Dylan), 존 바에즈(Joan Baez), 그룹 피터, 폴 앤 메리(Peter, Paul and Mary), 해리 벨라폰테(Harry Belafonte), 머핼리아 잭슨(Mahalia Jackson)이 뒤를 이어 공연을 시작했는데, 존 바에즈가 〈We Shall Overcome〉•을 부르자 그곳에 운집해 있던 20만여 명의 군중이 함께 따라 불렀다고 한다. 〈I'll Overcome Someday〉가 단순화되어 〈We Shall Overcome〉으로 변한 것이다. 이후로 미국의 저항가수 피트 시거(Pete Seeger)와 존 바에즈가 부르고 다니면서 이 노래를 미국 전역에 유행시켰고 우리나라에서도 1970년대 운동권역에서 대표적인 저항의 노래가 되었다.••

• 〈We Shall Overcome〉의 1절 가사는 다음과 같다. "We shall overcome / We shall overcome / We shall overcome, someday / Oh, deep in my heart / I do believe / We shall overcome, someday."

•• 정유하, 「음악운동」, 정유하·배종민·김도일, 『(민주장정 100년, 광주·전남지

10·26사태 후인 1979년 12월 3일 전남대 학생회관 식당에서는 기습적인 성명서 낭독이 있었다. 김정희(영어교육과 77학번, 탈춤반)가 식탁 위로 올라가 성명서를 낭독했다. 당시는 최규하 대통령이 과도내각을 구성하고 있던 시기로 '과도내각을 반대한다, 거국내각 구성하라, 계엄령을 해제하라, 정치일정 밝혀라' 등의 내용이었다. 전용호(경제과 78학번, 탈춤반)는 성명서를 나눠주었다. 김태종(국문과 76학번, 연극반)은 방송국에 올라가 성명서를 낭독하게 하려고 시도했으나 뜻을 이루지 못했다. 방송국 밖으로 나온 그와 동료들은 중앙도서관(지금의 백도) 앞에서 학생들의 시위 동참을 이끌어내려고 〈우리 승리하리라〉를 열창했다. 그러나 학교에 배치되어 있던 사복경찰들이 순식간에 달려와 김정희를 비롯해 김태종, 최양근, 배환중 등 10여 명 이상의 학생들을 끌고 가버렸다. 그들은 즉결심판을 받았고 훈방되거나 구류를 선고받았다. 이처럼 당시 〈우리 승리하리라〉는 학생들에게 잘 알려진 노래였다.

셋, 〈흔들리지 않게〉
해방신학과 운동권의 도피처가 남긴 복음성가
———

〈흔들리지 않게〉는 시위하는 사람들이 자신을 향해, 그리고 동료를 향해 서로 격려하고 위로하는 노래다. '너'가 없다면 '나'도 용기를 잃어버릴 수 있으니까. 다음은 1970년대 교육계에서 있었던 중요한 교육운동

———

역 사회운동 연구 제10권) 문화예술운동』(광주광역시·전라남도, 2016), 43쪽.

의 현장 이야기다. *

    '교육지표사건'** 이틀 후인 1978년 6월 29일, 전남대학교 학생들은 대규모 교내 시위를 도모했다. 학생들은 유인물을 통해 '교육지표사건'과 교수들의 연행에 대해서 알리고 교수 석방을 요구하는 집회를 열었다. 당시 전남대학교는 기말고사 기간이었고 중앙도서관에는 학생들이 모여 시험공부에 전념하고 있었다. 이미 긴급 소집되어 시위를 벌일 계획을 세웠던 주동자 노준현(75학번, 공대 2년)을 비롯하여 문승훈(국사교육과 77학번), 박몽구(영문과 75학번), 신영일(국사교육과 77학번) 등은 도서관으로 침투해 도서관 점거 농성에 들어갔다. 문승훈은 유인물을 배포하고 박몽구는 책상 위로 올라가서 공부 중이던 학생들에게 '교육지표사건'과 교수 연행 소식을 알려주면서 시위에 동참할 것을 권했다. …… 그가 노래를 선창하면 학생들이 따라 불렀고, 일반 학생들에게 생소한 운동가요는 새롭게 가르치기도 하면서 농성을 주도해나갔다. 당시에 불렀던 노래들이 ……

-    정유하, 「음악운동」, 53쪽.
-    1978년 봄, 연세대 성내운, 전남대 송기숙, 서울대 백낙청 교수 등이 주축이 되어 유신체제의 정신적 이정표 역할을 하던 국민교육헌장의 비민주적 내용을 비판하는 성명서를 전국의 대학교수들이 참여하여 합의하기로 했다. 그러나 전국 규모의 서명이 무산된 가운데, 1978년 6월 27일 전남대 교수 11명이 서명한 '우리의 교육지표'라는 선언문이 외신을 통해 국내외에 발표되었다. 결국 전남대학교 11명 등 서명 교수들이 경찰에 연행되었고 구속자들에게 최고 징역 5년에 자격 정지 5년을 병과한 중형을 내리고 전국 각지의 교도소에 뿔뿔이 찢어서 수감시켰다. 안길정, 「교육지표사건 제35주년 경과보고」, '우리의 교육지표' 선언 제35주년 기념식(2013.6.27).

〈홀라송〉, 〈농민가〉, 〈아침이슬〉, 〈흔들리지 않게〉 등이었다. 이런 노래들은 수동적으로 시위에 참여하게 된 이들의 공감을 이끌어낼 뿐만 아니라 마음 한편에 있는 두려움을 숨겨두고 시위를 주동하는 학생들에게도 힘을 불어넣어 주는 역할을 했다.

이처럼 시위 주동 학생들은 언제 잡혀갈지 모르는 상황에서 도서관 문을 걸어 잠그고 시위를 주도했다. 이러한 현장에서 〈흔들리지 않게〉는 그들에게 꼭 필요했다. 결국 그날의 농성도 경찰이 도서관을 습격해 100여 명의 학생들을 연행해 감으로써 막을 내렸다.

〈흔들리지 않게〉는 미국 흑인영가인 〈We Shall Not be Moved〉의 번안곡이다. 〈우리 승리하리라〉처럼 〈We Shall Not be Moved〉도 워싱턴 대행진에서 불렸던 노래다. 이 노래를 부른 '프리덤 싱어즈(The Freedom Singers)'는 1962년 네 명의 흑인으로 구성된 그룹으로, 처음부터 노래를 통해서 '인권운동'을 홍보하고 교육하기 위해 만들어진 노래모임이었다. 이들은 이 노래를 흑인영가 스타일(African-American Style)로 노래했다. 인권운동이 진행되는 동안 이들이 노래하는 것은 매우 중요한 요소였다. 이들의 노래가 젊은 흑인들을 인권운동의 현장으로 불러냈고 운동에 참여하게 한 것이다. 루터 킹 목사는 음악이 인권운동의 영혼(the soul of the movement)이라고 말했다. 노래가 그들에게 미치는 영향을 안 것이다. 프리덤 싱어즈는 노래만 한 것이 아니었다. 대중을 교화하기 위해서 노래와 노래 사이에 이야기하거나, 말하듯이 노래하면서 음악으로 대화를 시도했다. 프리덤 싱어즈가 시위에 참여한 사람들과 함께 노래하는 것은 자유도, 힘도 없는 그들에게 힘과 용기를 주는 행위였다. 이렇게 중요한 역할을 한 만큼 그들은 감방을 자

흔들리지 않게

자! 흔들리지않게 우리단 결해   흔 들 리 지않게

우 리단 결해물가에 심 어 진 나 무 같 이   흔 들 리잖 게

흔 들 리 지 흔 들 리 잖 게   흔 들 리 지 흔 들 리 잖 게물 가 에

심   어 진 나 무 같   이   흔 들 리 잖 게

주 드나들어야 했으며, 온갖 욕설, 신체적인 공격, 경찰견의 공격, 화염 방사기의 공격까지 받아야 했다.• 그러니 〈흔들리지 않게〉는 그들 자신에게도 필요한 노래였을 것이다.

〈흔들리지 않게〉는 본래 여러 절로 이루어졌으나 시위를 주도할 때는 그중에서도 1절과 2절을 주로 부른다. 이런 경우 기독교적 메시지의 흔적은 "물가에 심은 나무처럼"만 남는다. 물론 복음성가집의 가사에는 3절에 "예수가 대장되시니, 예수가 대장되시니"와 같은 분명한 기독교적 교리가 자리 잡고 있다. 그러나 흔들리지 않는 기독교적 정수는 "물가에 심은 나무처럼"이다. 이는 『예레미야서』17장 7~8절에서 나온 가사다. 미국 흑인들의 삶에서 유일한 희망과 도피처는 천국에 대한 소망을 갖게 해주는 신앙이었다. 그들은 "그러나 주님을 믿고 의지하는 사람은 복을 받을 것이다. 그는 물가에 심은 나무 같아서 그 뿌리를 시내까지 뻗치니, 더위가 와도 두려워하지 않으며 그 잎사귀가 푸르고 가문 해에도 염려하지 않으며 열매 맺기를 그치지 않는다"라는 말씀에 의지해 백인들과의 싸움을 진행할 수 있었고, 핍박을 이겨낼 수 있었다. 그러므로 "물가에 심은 나무"는 그들이 꼭 붙들어야 할 신앙의 핵이었다. 영어 가사의 일부분이 그들이 전개했던 운동, 그 자체를 설명해준다.

Well I'm on my way to heaven

• Wikipedia, "African-American Civil Rights Movement(1954~1968)"〔https://en.wikipedia.org/wiki/African-American_Civil_Rights_Movement_(1954%E2%80%931968)〕.

We shall not be moved on my way to heaven

We shall not be moved

Just like a tree that's standing by the water side

We shall not be moved

......

On the road to freedom We shall not be moved

......

We're brothers together We shall not be moved

"자유로 가는 길에서 우리는 흔들리지 않을 것이다 …… 우리 형
제들은 함께 흔들리지 않을 것이다." 200여 년을 노예로 살아온 그 땅
에서 자유를 찾고 인권을 찾는 싸움은 얼마나 큰 용기가 필요하고 얼
마나 무서웠겠는가? *We Shall Not be Moved*라는 제목으로 미국의
인종차별 인권운동에 관련한 책도 발간되었다.• 이 노래가 인종차별
인권운동의 주제가였고 그만큼 큰 힘이 되었다는 얘기다.

우리나라에서는 1980년대 초반에 1절은 "흔들리지 흔들리잖게",
2절은 "와서 모여 하나가 되자"와 같은 가사로 시위대를 모았다. 이영
미에 따르면 '노래 가사 바꿔 부르기(노가바)'가 한참이던 1980년대에는
"흔들리지 않게" 대신에 "민주 올 때까지 민주 외쳐라", "통일 올 때까
지 통일 외쳐라"로 가사를 바꿔 부르기도 했다고 한다.

지금은 축구 경기장에서도 들을 수 있는 노래다. 영국 맨체스터

•   Pratt, Robert A., *We Shall Not Be Moved*(University of Georgia Press,
   2005).

유나이티드(FC United of Manchester) 팬들이 다 같이 큰소리로 이 노래를 부르며 자신의 팀을 응원하는 장면을 본 적이 있다. 축구팀의 응원가로 사용된 것이다.

넷, 〈농민가〉
대학생, 노동자, 농민이 함께 부르는 노래
—

한일외교 반대에 참여했던 6·3세대부터 지금에 이르기까지 오랫동안 불러온 민중가요가 있다. 바로 〈농민가〉다.

1960년 4·19혁명 이후 자유의 바람이 불어닥친 대학가에는 생기가 돌았고 학도호국단 대신 학생회가 조직되었다. '농촌계몽운동' 바람이 불었고 대학마다 학기 말 시험이 끝나면 농촌에 가서 농사일을 돕는 농촌봉사활동이 전개되었다. 이러한 활동의 중심에 서울대의 동아리 '농사단', '향토개척단', '새생활운동반' 등이 있었다. '농사단'의 회원이었던 전 농림부장관 김성훈은 무안 출신으로 중학교 3학년 시절, 농촌 청소년 계몽 단체인 4H클럽을 조직해 농촌 청소년 조직 활동을 했고 고등학교 2학년 때는 4H클럽 회원들과 리트머스 시험지로 동네 토양을 검사해 밭 생산력을 높이는 일을 했을 정도로 농민운동에 관심이 많은 청소년기를 보냈다. 서울대학교 농과대학에 진학한 그는 농민운동단체 '한얼'과 '농사단'에서 활동했다. 김성훈과 '농사단' 회원들은 함께 가사를 써서 〈농민가〉를 만들고 단가로 삼았다. * 긴 역사를 가지고 있는 순 토종 민중가요면서 많이 불리는 이 노래는 60년대부터 70

년대 학번에게는 가장 대표적인 운동가였다. 전국에 보급되어 농민운동뿐만 아니라 노동운동, 학생운동 등 모든 집회와 시위에서 항상 부르던 노래였고 지금도 여전히 모든 농민운동의 현장에서 부르는 노래가 되었다.

FTA와 쌀 전면 개방안을 추진한 정부를 향해 장기적인 투쟁을 전개한 농민들이 전국 방방곡곡에서 〈농민가〉를 불렀다. 2014년 4월 13일 모악산에서 열렸던 김제농민회와 여성농민회의 영농발대식, 6월 28일 토요일 오후 2시 서울 청계광장에서 있었던 '쌀 전면 개방 반대, 식량주권과 먹거리 안전을 위한 범국민대회', 7월 15일 전국농민회총연맹 부산경남연맹이 주최한 '부산경남 농민가족 체육대회', 9월 18일 전북 익산시청 앞에서 열린 '쌀 시장 개방 반대 집회', 11월 23일 서울 중구 서울시청 광장에서 열린 '한중FTA 저지 쌀 전면 개방 반대 식량 주권과 먹거리 안전을 위한 3차 범국민대회' 등 농민과 관련된 모든 집회에서는 지금도 〈농민가〉가 제창되고 있다. 그리고 농민운동과 관련이 없는 민주화운동 혹은 노동운동의 현장에서도 아직 쉽게 들을 수 있는 가장 오래된 우리나라의 민중가요가 〈농민가〉다. 광주전남의 운동권 학생들도 물론 가장 먼저 〈농민가〉를 배웠다.

• "농업, 농촌, 농민이 살아야 진정한 자주독립국가다", ≪주간동아≫, 김성훈 전 농림부장관 인터뷰, 2012년 8월 6일 자. 다수의 농민 운동가들이 김성훈과 농사단 회원들이 함께 작사한 것이라고 증언했다(나상기, 문경식 등).

농민가
(농민의 노래)

김성훈 외 다수의 공동 창작

삼 천 만 　 잠 들 었 을 때 　 우 리 는 ― 깨 ― 어
밝 은 태 양 　 솟 아 오 르 는 　 우 리 새 ― 역 ― 사

배 달 의 　 농 사 형 제 　 울 부 짖 ― 던 ― 날
삼 천 리 　 방 방 골 골 　 농 민 의 깃 ― 발 이 여

손 가 락 　 깨 ― 물 ― 며 　 맹 세 하 면 ― 서
찬 란 한 　 승 ― 리 ― 의 　 그 날 이 오 ― 길

진 리 를 　 외 치 ― 는 　 형 제 들 ― 있 ― 다
춤 추 며 　 싸 우 ― 는 　 형 제 들 ― 있 ― 다

다섯, 〈해방가〉

독립행진곡[•]

────

1946년 2월에 해방의 감격을 기념하기 위해 조선국민음악연구회가 발행한 노래책 『해방기념 애국가집』에는 안익태 작곡의 애국가를 포함해 9편의 노래가 수록되어 있다.^{••} 박태원이 작사하고 김성태가 작곡한 〈독립행진곡〉도 이 책에 포함되어 있다. 이 노래는 해방 후, 국가에서 적극적으로 보급했던 것 같다. 해방 후 초등학교에 다녔던 이홍길(1942~)도 당시에 이 노래를 배웠으며 지금도 부를 수 있다고 한다.^{•••} 〈독립행진곡〉은 1960년 4·19혁명 때부터 1970년대를 거쳐 1990년대 중반까지 구전되면서 민중가요로 남았다. 발표 당시의 제목 〈독립행진곡〉은 운동권에서 구전되어 전해지는 동안 〈해방가〉로 바뀌었다. 1983년에 흥사단 전라남도지부에서 발간한 노래책 『산울림』에는 〈독립행진곡(해방가)〉이라는 제목으로 실려 있는 반면, 2000년에 개정증보판을 낸 『우리시대의 노래』에는 〈해방가〉로 실려 있다. 1980년대 중반까지는 〈해방가〉와 〈독립행진곡〉이라는 제목을 함께 사용했던 듯하다. 1972년에는 김민기가 서울대 문리대의 진입생(교양과정부를 마

────

• 강헌, 「일제강점기 및 미군정기 음악비평연구」(서울대학교 대학원 석사학위논문, 1988). 송방송, "김성태", 『한겨레음악대사전』(보고사, 2012), 325쪽.

•• 한국학중앙연구원, "해방가", 『한국민족문화대백과사전』(http://100.daum.net/encyclopedia/view/14XXE0072213).

••• 이홍길(전남대학교 사학과 명예교수) 인터뷰(2016.12.15).

독립 행진곡

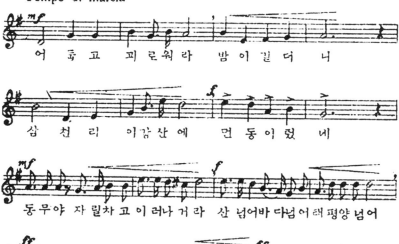

자료: 송방송, "김성태", 『한겨레음악대사전』(보고사, 2012).

해방가

박태원 글
김성태 곡

박태원 글
김성태 곡

어 둡고 괴 — 로 와 라　밤 이 깊 더 니
어 둠아 물 — 러 가 라　현 해 탄 건 너
유 구한 오 — 천 — 년　우 리 의 역 사

삼 천 리 이 강 산 에　먼 동 이 튼 다
눈 물 아 한 숨 — 아　너 희 도 함 께
앞 으로 도 억 만 년 을　더 욱 빛 내 리

동 포 여 자 리 차 고 일 어 나 거 라　산 넘 고 바 다 건 너 태 평 양 까 지
동 포 여 두 손 모 아 만 세 부 르 자　광 막 한 시 베 리 아 벌 판 을 넘 어
동 포 여 어 깨 걸 고 함 께 나 가 자　억 눌 린 우 리 민 족 해 방 을 위 해

아 아 자 유 의 자 — 유 — 의 종 이 울 린 다
아 아 해 방 의 해 — 방 — 의 깃 발 날 린 다
아 아 투 쟁 에 투 — 쟁 — 에 이 몸 바 치 리

34　그래도 우리는 노래한다

치고 분과로 진입한 학생을 지칭)을 환영하는 자리에서 〈해방가〉와 〈꽃피우는 아이〉를 가르쳤다. 〈꽃피우는 아이〉가 문제가 되어 김민기는 당국에 의해 연행되고 그의 음반이 수거되는 사건이 벌어졌다. 〈해방가〉나 다른 구전가요들이 어떤 방식으로 구전되는가를 보여주는 현장이었다. 동시에 학생들이 〈해방가〉를 데모노래로 알고 있었음을 말해주는 사건이기도 하다.

큰 골격은 같지만 여기 제시한 두 개의 악보에서는 상당히 많은 변화를 볼 수 있다. 〈독립행진곡〉 악보에서는 3, 5, 9~12, 15 마디가 현재의 노래와 다른 리듬이나 음정을 보여준다. 대부분의 데모노래가 그런 것처럼 이 노래도 구전되어오는 동안 잘못 전해지거나 고쳐진 것으로 짐작된다. 〈독립행진곡〉 악보의 출처를 알 수 없는 것이 안타깝기는 하지만 가사의 문법이 지금과 다른 점, 기보법이 약간 다른 점, 악보의 인쇄 기술이 섬세하지 않은 걸로 보아 상당히 오래전의 악보이며 등사된 것으로 보인다.

여섯, 〈탄아 탄아〉
살상 무기가 된 최루탄

——

〈탄아 탄아〉는 '노래 가사 바꿔 부르기'의 대표적인 예다. 1960년대에 〈파랑새요〉의 선율에도 같은 가사를 붙여 불렀다는 기록이 있으나, 1970년대에는 일제강점기에 불렸던 창가인 〈권학가〉, 일명 〈학도가〉의 선율에 새로운 가사를 붙여 불렀다.* 신기하게 전혀 다른 곡임에도

불구하고, 어떤 곡의 선율에 가사를 붙여도 어색함이 없다. 〈학도가〉
는 1910년 이전의 노래로 작사가, 작곡가를 알 수 없는 곡으로 전해져
왔다.

'노가바' 〈탄아 탄아〉는 살인 무기가 된 최루탄, 그리고 부도덕한
정권에 항의하는 노래다. 1959년 이승만 대통령은 불출마를 선언했다.
그러나 그는 1960년에 다시 4선 대통령을 목표로 출마하게 되고 3·15
부정선거 및 부정개표로 국민들은 분노했다. 이에 따라 마산에서 대규
모 시위가 벌어졌는데 시위에 참여한 마산상고 1학년 김주열이 눈에
최루탄을 맞아 사망한 뒤 그 시체가 바다에 유기되었다. 자유당 정권
이 이 사건에 대해 모른다고 발뺌하자 시위는 더욱더 격화되었고 결국
4·19혁명이 터졌다. 시위를 잠재우기 위해 '최루탄의 사용에 대한 거
짓 발표'를 한 것이 오히려 시위를 더욱 키웠고, 덕분에 최루탄은 부도
덕한 정권의 상징이 되었다.

처음 붙여진 가사는 6·3항쟁의 주동자인 시인 김지하가 썼다고
한다. 그러나 이후로 불린 가사는 다양하다. 여기 제시한 악보에 실린
가사는 1980년대의 가사다. 노래의 가사는 시대의 사안을 말해준다.
다음은 1960년대의 버전이다.

> 탄아 탄아 최루탄아 팔군(八軍)으로 돌아가라
> 우리 눈에 눈물지면 박가분(朴家粉)이 지워질라

• 〈권학가〉의 1절 가사는 다음과 같다. "학도야 학도야 청년학도야 / 벽상의 괘
종을 들어보시오 / 한 소래 두 소래 가고 못 오니 / 인생 백 년이 주마 같도다."

꾸라 꾸라 사꾸라야 대학가에 피지마라

네가 피어 붉어지면 샤미센(三味線)이 들려올라

또 하나, 최루탄에 관한 노래로는 1971년 10월 15일 위수령이 발
동되고 난 직후, 고려대에서 처음 불렸다는 당시 최고의 유행가요, 은
희의 〈꽃반지 끼고〉의 '노가바'가 있다.

생각난다 10월 15일

장갑차 앞세우고 들어오던 날

최루탄 가스 속에 눈물 흘리던 날

이제는 가버린 가슴 아픈 추억

선율과 가사가 잘 들어맞는 '노가바'다.•

1986년에 동아일보에 실린 기사에 따르면 1980년 이후 1985년
10월까지 쓴 최루탄 경비가 100억 원을 넘었다고 한다.•• 1960년대의
김주열사건이 있었음에도 불구하고 계속된 최루탄 사용의 남발은 같
은 피해자를 낳았다. 1980년 봄 내내 필자도 최루탄 때문에 수없이 눈
물을 흘리며 어떻게 해야 덜 따가운지를 연구해야 했고, 1987년 6월 9
일 연세대생 이한열은 SY-44 최루탄을 맞고 26일 뒤인 7월 5일 세상을
떠났다. 1990년에는 동국대생 김진태가 최루탄에 맞아 코뼈가 부러지
고 왼쪽 눈을 실명했으며, 1995년에는 단국대생 장원호가 최루탄에 왼

• 　정용화 인터뷰(2014.7.12).

•• 　"횡설수설", ≪동아일보≫, 1986년 6월 25일 자.

탄아탄아

탄 아 — 탄 아 — 최 — 루 탄 아　자 유 의 광 장 을
원 아 — 원 아 — 정 — 보 원 아　자 유 의 광 장 을
봉 아 — 봉 아 — 경 — 찰 봉 아　자 유 의 광 장 을

넘 보 지 마 라　주 책 없 이 넘 보 는 최 루 탄 속 에
넘 보 지 마 라　주 책 없 이 넘 보 는 정 보 원 속 에
넘 보 지 마 라　주 책 없 이 넘 보 는 경 찰 봉 속 에

민　족　의 영　혼 은 통　곡 한 다
민　족　의 영　혼 은 통　곡 한 다
민　족　의 영　혼 은 통　곡 한 다

쪽 눈을 맞아 시력을 완전히 상실했다. 이런 끔찍한 일이 아니라도 최루탄은 터지면 피해자를 매우 고통스럽게 해서 별명이 '지랄탄'이다.

일곱, 〈부용산〉

노래의 배경과는 관련 없는 빨치산의 노래*

━━

'민중가요란 무엇인가'라는 정의에 비추어보자면 민중가요에 속할 수 없는 노래지만, 제도권의 잘못된 사회정치적 정책에 맞서 저항하던 사람들이 불렀던 노래를 모두 민중가요에 포함시키자면 독특한 노래 〈부용산〉도 여기에 끼어들 수 있다. 1950년대에 많이 불렸던 노래 〈부용산〉은 사회정치적 운동과 전혀 상관없이 태어난 노래다. 그럼에도 불구하고 호남지역 조선인민유격대원, 일명 '빨치산'들이 즐겨 불렀으며 작곡가 안성현이 월북했다는 이유로 금지곡이 되었다. 그리고 운동권에서 입에서 입으로 전해지며 불려왔다. 최근에는 여러 가지 규제가 풀린 탓으로, 목포에서는 이 노래가 '목포에서 작곡되었다'고 목포의 노래라고 하고, 나주에서는 '남평 출신의 안성현이 작곡했다' 해서 나주의 노래라고 하며, 벌교에서는 '가사를 쓴 시인 박기동이 벌교 출신이며 부용산이 벌교에 있는 산'이기 때문에 벌교의 노래라고 서로 주장하고 있다. 탄생 배경에 관해서는 이 노래가 죽은 동생을 추모해서 쓴 '제망매가'라는 설과 절명한 애제자를 위한 '애도의 노래'였다는 설, 두

━━

* 정유하, 「음악운동」, 26~28쪽.

부용산

박기동 작사
안성현 작곡

부용 산오리길에 잔디만푸르러푸르러

솔밭사 이사이로 회오리 바람타고 간다는말

한 마디없이 너는가 고말았 고ㅡ나 피어나 지못한

채ㅡ 병든장 미는 시들어지고

부용 산봉우 리에 하늘만ㅡ푸르러푸ㅡ르ㅡㅡ러

가지가 있다. 다음은 두 가지 설에 대한 배경이다.

시인 박기동은 1943년 일본에서 귀국해 고향 벌교의 남초등학교의 교사가 되었다.[*] 1947년에 30세가 된 박기동은 순천사범학교로 전근했는데 이해에 시집갔던 큰 누이동생 박영애가 순천도립병원에서 폐결핵으로 죽었다. 그는 벌교의 부용산에 누이동생을 묻어두고 돌아와 순천에서 시「부용산」을 썼다. 이것이 제망매가설의 배경이다.

그 무렵 작곡가 안성현은 음악 교사로 목포의 항도여중에서 근무 중이었다.[**] 박기동은 1948년에 목포의 항도여중으로 초빙되어 안성현을 만나게 되었다. 당시 항도여중 3학년에 김정희라는 학생이 경성사범학교에서 전학해 와 있었는데 문예 방면에 소질이 뛰어난 천재소녀였다. 이해에 김정희가 폐결핵으로 죽었고 박기동은 장지까지 따라나섰다. 얼마 뒤 안성현은 박기동의 시「부용산」에 곡을 붙여 왔고 노래를 잘하던 상급반 학생 배금순이 〈부용산〉을 불렀다. 이 노래는 순식간에 전남 일대로 유행해나갔다. 오비이락(烏飛梨落)이라던가? 인기 있는 총각이던 박기동에 관해 "박 선생님이 정희의 무덤에 가서 울었

___

[*] 박기동은 여수 돌산에서 태어나 일본 간사이대학에서 영문학을 전공하고 1943년 귀국해 벌교의 남초등학교, 벌교상업중학교, 항도여자중학교, 광주고등학교, 순천사범학교 등지에서 영어와 국어를 가르쳤다. 〈부용산〉이 빨치산들의 애창곡이라는 사실과 월북 작곡가의 작품이라는 이유로 많은 박해와 시달림을 당한 박기동은 76세의 나이에 단신으로 호주 이민을 떠났다. 2003년 86세가 된 그는 한국으로 영구 귀국했으나 2004년 뇌경색으로 세상을 떠났다.

[**] 작곡가 안성현은 나주시 남평에서 가야금 산조의 명인 안기옥의 아들로 태어나 함경남도 함흥에서 성장했다. 일본 도쿄 동방음악대학 성악부를 졸업하고 목포와 광주에서 중학교와 사범학교 음악 교사 생활을 했다.

단다"라는 소문이 퍼졌고 이러한 배경으로 이 노래가 애제자곡이라는 설이 돌게 되었다.*

〈부용산〉은 사상과는 전혀 관련이 없는 애절한 제망매가지만 어찌된 일인지 지리산 빨치산들의 애창곡이 되었다. 빨치산들에게 "피어나지 못한 병든 장미는 시들어지고"라는 가사가 자신들의 처지, 그리고 피워보지 못한 '사상의 꿈' 같았을지도 모르겠다. 이 노래는 1950년대 이후 줄곧 호남권에서 운동권이 많이 부르는 노래로 구전되어오면서 사람마다 약간씩 다르게 부르는 노래가 되었다.

1997년, 안치환은 구전되어오던 〈부용산〉을 자신의 음반에 실었다. 그 후로 1998년, 박기동의 제자였던 김효자 교수가 노래 악보 원본을 제보했고, 덕분에 정확한 노래가 알려졌다. 1998년 5월 29일 목포에서 '부용산음악회'를 개최한 이래로 1999년에는 벌교 부용산에 노래 기념비와 기념 누각이 건립되었다.

1950~1960년대에 빨치산들이 많이 불렀다고는 하나 1960년대 후반에서 1970년대에 대학을 다녔던 선배들이 지금도 〈부용산〉을 술자리에서 부르는 것을 보면 당시에 이 곡이 얼마나 인기 있었는지 알 수 있을 것 같다. 이겨낼 수 없는 운명에 대한 좌절감과 허탈함을 담은 시를 서정적 단조(나단조)로 담아내 비장함이 넘치는 이 노래의 정서가 1960~1980년대의 자유롭지 못한 공안정국하에서 민주화운동을 전개하던 청년들의 심정과 매우 흡사해 오랫동안 불러온 것 같다.

―――

* 김효자(경기대 교수)의 글(http://blog.naver.com/yulexa/70144835844)에서 재인용.

여덟, 〈진달래〉
고결한 4월의 노래
———

1960년 이승만 정권이 3·15부정선거를 강행하자 이를 규탄하는 시위가 전국 곳곳에서 일어났다. 앞서 언급한 것처럼 4월 11일 마산에서 최루탄에 맞은 마산상고 1학년 학생 김주열의 시신이 발견되자 수만 명의 대학생과 고등학생이 거리로 쏟아져 나왔다. 또 4월 18일에는 고려대 학생 4000여 명이 "진정한 민주 이념의 쟁취를 위하여 봉화를 높이 들자"는 선언문을 낭독하고 국회의사당까지 진출했다가 학교로 돌아가던 중에 습격을 받아 학생들이 부상당하는 일이 일어났다. 이러한 일련의 사건을 지켜보던 시민들은 4월 19일 학생들과 함께 총궐기해 "이승만 대통령의 하야와 독재정권 타도"를 외치게 되었다. 경찰은 데모대를 향해 발포하기 시작했고 학생들은 힘없이 쓰러져갔다. 이렇게 4·19는 역사적인 반독재 민주주의 운동이 되었다. 결국 이승만 대통령은 4월 26일 사임을 발표했다. 승리한 의거였다. 그러나 이승만 정권의 부패 때문에 일어난 혁명이었음에도 불구하고 혁명 이후 민주정권이 들어서는 대신에 5·16군사정변으로 군사정권이 들어섰고, 새로운 정권의 독재는 심각했다. 이를 지켜보는 시민과 학생들에게는 '4·19혁명정신'이 절실했다. 4·19 때 희생당한 이들을 기리는 노래 〈진달래〉는 1973년에 세상에 나왔고, 1970년대 중반부터 1980년대에 대학에 다닌 학생들은 4월이 오면 목이 쉬도록 이 노래를 불렀다.

〈진달래〉는 여류 시인 이영도의 시를 가사로 한다. 임지연은 "이영도는 서정적 자연물을 통해 4·19라는 정치적 사건을 고양된 정치의

진달래

이영도 시
한태근 작곡

눈 이 — 부 시 네 저 기 —
그 렇 듯 너 희 는 지 고 —

난 만 히 멧 등 마 다 —
욕 처 럼 남 은 목 숨 —

그 날 쓰 러 져 간 — 젊 음
지 친 가 슴 위 엔 — 하 늘

같 은 꽃 사 태 가 —
이 무 거 — 운 데 —

맺 혔 던 한 이 터 지 듯 — 여 울
연 연 히 꿈 도 설 워 라 — 물 이

여 울 붉 었 네 —
드 는 이 산 하 —

식과 고결한 민주주의로 표현한 시인"이라고 평가한다.* 시인은 4월에 피는 진달래를 보면서 4·19혁명 때 희생당한 젊은이들의 넋을 떠올리며 "그 날 스러져 간 젊음 같은 꽃 사태"라고 표현했다. 작곡가 한태근은 1973년 크리스천 아카데미의 문인 모임인 '시곡동우회'에서 누나의 친구인 이영도에게서 시를 넘겨받았다. 1960년 4·19혁명 당시 균명고등학교(현 환일고등학교)의 음악 교사던 한태근은 시를 보는 순간 감전된 기분이었다고 한다. 그는 "아스팔트 위에 꽃잎처럼 쓰러지던" 남녀 학생들을 목도했었다. 그는 "4·19 당시 민주주의를 외치며 광화문으로 달려갔던 제자들이 생각나 이 노래라도 만들지 않으면 도저히 견딜 수 없었다"라고 작곡의 계기를 설명한다.** 또 자신은 "평생 4·19와 함께 살고 있다"고도 말한다.

군사독재 시절에 이 노래는 금지곡이었지만 입에서 입으로 퍼져 나갔다. 원제목은 〈진달래〉지만 〈다시 4·19 날에〉라는 제목으로도 불리고 〈4·19의 노래〉로도 알려져 있다.

한태근은 본래 연세대 신학과를 졸업한 신학도였다. 그런데 6·25 피난 시절 부산 음악교원양성소에서 작곡가 윤이상을 만났다. 그는 '한 군은 귀가 밝다'며 작곡가가 될 것을 권유했고, 그 후로 한태근은 교육대학원에서 교회음악을 전공했다. 결국 그는 균명고등학교, 신일고등

- 임지연, 「이영도 문학의 공적 욕망 구조」, ≪여성문학연구≫, 통권 23호 (2010), 219쪽. 「진달래」는 이영도와 이호우의 공동 시조집 『석류』에 실렸다.
- "진달래 속에 살아있는 4·19: 대학가 노래로 정착 작곡가 한태근 목사", ≪경향신문≫, 1991년 4월 19일 자; "독재맞선 젊은 넋들 아직 생생", ≪경향신문≫, 2005년 4월 19일 자.

학교 등에서 음악 교사로 재직하게 되었고 중앙침례교회 음악목사를 역임했다. 한태근은 200여 곡에 이르는 가곡, 동요 등을 작곡했는데 그중에는 우리가 어린 시절 많이 불렀던 동요 "꼬부랑 할머니가 꼬부랑 고갯길을" 하는 〈꼬부랑 할머니〉도 있다.

아홉, 〈불나비〉
노동자 자신의 노래

〈불나비〉는 노동자들의 인권과 삶을 표현하는 가요다. 노동운동가 전태일의 죽음 이후 학생들은 노동문제를 학생운동의 범위에 포함시켰고 이 무렵 학생운동권 내에서 이 노래가 만들어져 나온 것으로 추정된다. 이 노래는 1970년대 후반부터 청계피복 노동조합에서 불리기 시작해 점차 노동운동 현장으로 확산되었고, 1980년대 신군부 집권 이후 학생운동과 노동운동의 현장에서 많이 불렀다.

1960년대 전태일은 청계천 공장단지에서 봉제공장의 재봉사, 재단사로 일했다. 열악한 환경에서 하루 종일 일을 하고도 배불리 먹을 수 없는 노동환경이었다. 1968년 어느 날 전태일은 '근로기준법'의 존재를 알게 되었다. 그는 법에 근거해 근로조건을 개선하고자 여러 차례 노동청을 방문했으나 묵살당하기 일쑤였다. 혼자의 힘으로 넘을 수 없는 벽을 깨닫고 1969년에는 청계천 공장단지 노동자들과 '바보회'라는 노동운동조직을 결성해 노동운동을 전개했으나 어떤 성과도 보지 못했다. 결국 1970년 11월 13일 스물셋의 나이로 "근로기준법을 준수

불나비

작자 미상

불을 찾아 헤매는 불나비처럼
오 — 늘의 이 고통이 — 괴로움
친 — 구야 가자 가자 자유찾으러

밤 — 이면 밤 마다 자유 그리워
한 숨 섞인 미 소로 지워 버리고
다 행 히도 난 아 직 젊은 이라 네

하 — — 얀 꽃 — 들을 수 레 에 — 싣 고
하 — 늘만 바 라 보는 해 바 라 기 처 럼 —
가 시 밭길 험 난 해도 나 는 갈 — 테 야 —

앞 만 보고 걸 어 가는 우 린 불 나 비
앞 만 보고 걸 어 가는 우 린 불 나 비
푸 른 하늘 넓 은 들을 찾 아 갈 테 야

Fine

오 — 자유 여 — 오 — 기 쁨 이 여 —

오 — 평등 이 여 — 오 — 평 화

여 — 내 마 음은 곧 터 져 버 릴 것 같 은 활 화 산 이 여

뛰 는 맥박 도 뜨 거 운 피 — 도 모 두 터 져 버 릴 것 같 애

D.C. al Fine

하라, 우리는 기계가 아니다, 일요일은 쉬게 하라, 노동자들을 혹사하지 마라"를 외치며 분신했다. 전태일의 분신은 조영래와 같은 지식인, 전문가들의 시선을 집중시켰고 11월 27일, 청계피복 노동조합이 결성되면서 그의 바람대로 좀 더 적극적인 노동운동이 시작되는 계기가 되었다.[*]

〈불나비〉는 창작곡으로 알려져 있는데 작사가와 작곡자는 알려지지 않았다. 또 창작된 시기와 세상에 알려진 시기도 의견이 분분하다. 처음 불리기 시작한 것이 전태일의 분신 이후라는 사람도 있으나, 노동가수 최도은은 1970년대 후반에서 1980년대 초까지[**]라고 말했다. 1970년대 후반이라는 설이 유력하다. 창작에 관해서는 '꽃다지' 대표 안석희가 "〈불나비〉는 대학가요제를 겨냥하고 만든 작품인데 노동자들의 모임에서 가사와 곡의 일부를 바꾸어 부른 것이라고 알려져 있다"라고 썼다.[***] 노래의 가사를 살펴보면 확실히 노동자를 바라보는 학생의 시각에서 쓴 것이 아니다. 확실히 노래 가사의 주체가 노동자인 '우리'와 '나'다.

---

* 조영래, 『전태일평전』(돌베게, 2001). 조영래(1947~1990)는 서울대 운동권 출신으로 인권변호사였다.

** 노동가수 최도은은 "1970년대 후반부터 1980년대 초반에 만들어진 것으로 보인다. 지난 30년간 노동자의 투쟁에 함께 한 노래"라며 "누가 만들었는지 모르지만, 전태일 열사의 정신을 이어받아 민주노조 싸움을 치열하게 전개한 청계피복 노동자들의 투쟁 현장에서 불리어졌다고 한다"고 전했다. "노동가수 최도은, 그가 들려준 '운동가요사'", ≪오마이뉴스≫, 2013년 1월 30일 자.

*** 안석희, 「노동가요의 전개와 전망」, 김창남 외, 『노래』 4집(실천문학사, 1993), 31쪽.

1986년, 노래모임 '새벽'은 민중문화운동연합 노래 테이프 제9집 ≪그날이 오면≫에 〈불나비〉를 포함시켰다. 이 테이프에는 문승현이 작곡한 〈사계〉, 〈그날이 오면〉, 〈귀례 이야기〉 등 노동운동 관련 민중가요가 주를 이루고 있다. 광주에는 이 노래가 노래모임 '새벽'의 ≪그날이 오면≫을 통해서 알려진 듯하다. 왜냐하면 1970년대의 학생과 노동자들은 1970년대에 불렀던 기억이 없는 반면에 1986년에 입학한 전남대 국사교육과 학생들은 〈불나비〉를 반가로 불렀다고 한다. 또 1980년대 중반부터 불렀다는 다수의 증언이 있다. *

열, 〈녹두꽃〉
동학으로부터 내려오는 저항정신
———

서양 클래식음악을 전공한 조념**이 작곡한 두 노래 〈보리피리〉와 〈녹두꽃〉은 향유자와 창자가 전혀 다르다. 한하운의 시 「보리피리」에 조념이 작곡한 동명의 노래는 순수한 한국 예술가곡이다. 내로라하는 성악가들이 나와서 멋진 드레스와 턱시도를 입고 부르는 노래라는 것이다. 반면에 김지하의 시에 붙인 노래 〈녹두꽃〉은 김광석이 부르고 노

<hr/>

* 　배종민·김태종·전용호·윤청자 인터뷰(2017.1.23).
** 　조념(1922~2008)은 일제강점기에 도쿄 음악대학을 졸업했다. 조선 최초의 고려교향악단 제1바이올린 주자 출신으로 한국가곡학회에 소속되어 작곡 활동을 했다.

녹두꽃

김지하 시
조 념 곡

빈 — 손 가 득 히 움 켜 — — — 쥔
끝 없 이 혀 는 — 잘 리 어 군 — 고

햇 — 살 에 — 살 아 —
굳 — 은 벽 — 속 에 —

벽 — 에 — 도 쇠 창 — 살 에 도
마 — 지 — 막 통 곡 — 으 로 살 아

노 을 로 붉 게 — 살 — 아
타 — 네 불 타 — — — 네

타 — — — 네 — 불 — — — 타 네 —
녹 — 두 — 꽃 이 타 — — — 네 —

깊 은 밤 — 넋 속 의 깊 고 깊 — 은 —
별 푸 른 — 시 구 문 아 래 목 — 베 어

50 그래도 우리는 노래한다

상 처 에 살 — 아 모 질 수록 매 — 질
햇 불 아래 햇 불 이여 그 슬 려라 하 늘 을

아 — 래 — 날 — 이 갈 — 수록 흡 — 뜨 는
온 세 상을 — 번 득 이는 총 — 검 — 아 — — 래

거 역 의 눈 동 자 에 —
비 웃 음 아 — — 래 —

핏 발 로 — 살아 열 쇠 — 소 리 사라져
너 — — — 회 나 를 — 육 시 토록

버 린 밤은 끝 없 — — — 고 —
끝 끝 내 살 — — — — 아 —

찾사(노래를 찾는 사람들)가 부르며 운동권 학생들이 부르는 노래다. 당연히 시가 주는 영향일 것이다.

　김지하의 시「녹두꽃」은 1969년 시 전문지 《시인》에 문학평론가 김현의 소개로「황톳길」,「들녘」과 함께 실렸다. 이때 그는 '지하'라는 필명을 사용했고 그 이래로 김지하로 불린다.•「황톳길」과「녹두꽃」은 사회적·역사적 상황을 민감하게 체감한 시인이 식민지 시대를 살았던 민중의 입장에서, 비슷한 고통 속에서 벗어나려고 몸부림치다 육시된 동학군의 심정을 쓴 시다. 그의 시들은 정치적 폭력과 사회적 억압의 상황에 바득바득 저항하는 시다. 그의 저항적인 면모가 그대로 드러나는 시「오적」은 그 당시 현재의 구체적인 대상을 두고 비판한 담시인 반면「녹두꽃」은 역사적 사건을 들어 그 정신을 상기시키면서 현실에 저항하고 있다.

　'한일협정 반대운동'에 참여했던 김지하는 1970년에 재벌, 국회의원, 고급 공무원, 장성, 장차관 등을 오적이라 일컫는 시「오적」을 월간지 《사상계》와 신민당의 기관지 《민주전선》에 발표했다. 검찰은 김지하와 《사상계》 대표 부완혁, 편집장 김승균, 《민주전선》 출판국장 김용성 등을 '반공법' 위반 혐의로 구속 기소했다. 1974년에 김지하는 민청학련 사건 주모자로 기소되어 사형을 선고받았고 그 이후로도 연행되거나 투옥되면서 젊은 청년학생들의 지도자 위치에서 문화운동을 선도했다. 그러나 1991년에 분신정국이 계속되자 "젊은 벗들! 역사에서 무엇을 배우는가: 죽음의 굿판을 당장 걷어 치워라"••라

•　그의 본명은 김영일이다.
••　《조선일보》, 1991년 5월 5일 자.

는 글로 그들의 죽음을 비판하기도 했고, 2012년에는 대선에서 '박근혜 새누리당 후보 지지'를 선언하면서 운동권에서는 변절자로 낙인찍혔다.

민중가수로 출발한 김광석은 1987년 10월, 한국교회 100주년 기념관에서 있었던 노찾사의 첫 번째 공연에서 이 〈녹두꽃〉을 불러 청중을 열광시켰다. 이 노래의 작곡 시기는 명확하지 않으나 1980년 이전에 나온 듯하다.

열하나, 〈홀라송〉

활짝 열려 있는 노래

———

노래의 가장 간단한 형식은 한도막형식인 8마디다. 〈홀라송〉은 한도막형식의 곡으로 가장 작은 단위의 노래이며 완전5도 이내의 선율로 매우 쉽게 부를 수 있는 노래다.• 많은 사람이 〈홀라송〉을 1970년대 초·중반부터 불렀다고 기억한다. 1980년 5월 15일 서울역 광장에서는 "노동 3권 보장하라 좋다좋다"로 노래했고, 1980년 5월 16일 광주 금남로에서는 "광주시민 함께하라 홀라홀라"로도 노래했다. 유치원에서는 "손을 잡고 오른쪽으로 빙빙 돌아라, 손을 잡고 왼쪽으로 빙빙 돌아

———

• 〈홀라송〉을 4분의 4박자로 기보했을 경우에는 한도막형식이 되고, 4분의 2박자로 기보하게 되면 두도막형식이 된다. 어떤 자료에는 4분의 2박자로 분석하고 있다.

홀라송

우리들은 정의파다 좋 다 좋 다 같이죽고같이산다 좋 다 좋 다
　　　　자 유 파 다 (홀 라 홀 라)　　　　　　　(홀 라 홀 라)
　　　　진 리 파 다
　　　　젊 은 예 수

무릎꿇고 살 기 보 다 서서죽길 원한다 우 리 들 은　정 의 파 다
　　　　　　　　　　　　　　　　　　　　　자 유 파 다
　　　　　　　　　　　　　　　　　　　　　진 리 파 다
　　　　　　　　　　　　　　　　　　　　　젊 은 예 수

라"라며 율동과 함께 재미나게 부르는 노래다. 그러나 이 곡은 동요의 분위기처럼 즐거운 내용의 노래가 아닌 긴 역사와 가슴 아픈 사연을 품고 있는 노래다.

처음 이 노래가 작곡된 것은 19세기 초반으로, 대영제국과 아일랜드 사이에 있었던 부당한 역사를 배경으로 한다. 대영제국은 인도에 있는 동인도회사를 지키기 위해서 당시 영국의 식민지였던 아일랜드인을 전쟁터로 보내 싸우게 했다. 당시 전쟁터에 나가서 돌아오기는 했으나 팔과 다리가 잘려 돌아온 아일랜드인 남편을 바라보는 아내가 당신을 못 알아보겠다며 비통한 마음으로 부르는 느린 템포의 〈Johnny I Hardly Knew Ye〉가 원곡이다. 아일랜드인의 영국을 향한 저항의 노래인 셈이다.

이 노래는 미국으로 건너가 남북전쟁 당시 북군의 군가로 개작되어 불렸다. 〈When Johnny Comes Marching Home〉으로 변한 이 노래는 슬픔의 표현은 사라지고 군인들을 격려하는 내용으로 바뀌었다. 원곡의 "후루후루(Hurroo, hurroo)"는 "후라후라(Hurrah, Hurrah)"로 바뀌었고 템포도 행진곡의 속도로 변했다.

"후라후라"는 다시 우리나라에서 "홀라홀라"로 바뀌었다. 우리나라에서 부르는 〈홀라송〉은 미국 북군 군가에 가깝다. 빠른 속도로 부르는 〈홀라송〉은 학내 투쟁에서 학생들의 마음을 모으고 투쟁심을 상승시키는 역할을 했다. 앞서 언급한 대로 운동가요는 당시의 사안에 따라 가사를 바꾸거나 중요한 단어를 바꾸어 부르곤 했는데 이 노래도 마찬가지다. 1970년대에는 주로 "우리들은 정의파다 홀라홀라", 혹은 "우리들은 정의파다 좋다좋다"라는 가사로 불렸기 때문에 제목을 〈정의파〉라고도 하고 어떤 노래책에는 〈젊은 예수〉라는 제목으로도 실려 있다.* 때로는 〈정의가〉와 혼동해 부르기도 한다. 〈홀라송〉은 그 이후로 계속 가사가 바뀌어가며 불렸다. 앞의 〈홀라송〉 악보에서 4절은 1990년 한국민중교회운동연합 민중찬송가편찬위원회가 편찬한『민중복음성가』와『노래얼』 3집에 있는 가사로, 사회운동에서 기독교의 영향을 엿볼 수 있는 가사다.**

　　1980년대 중반에는 군사정권을 향한 학생들의 구호를 실어 "전두환은 물러가라 좋다좋다", 혹은 "노태우는 물러가라 좋다좋다"로 많이 불렸다. 2016년 겨울에는 박근혜 대통령 탄핵이 결정되기 전부터 탄핵이 결정된 후까지 "박근혜는 퇴진하라 퇴진하라"로 가사가 바뀌었다. 아무 때나, 어떤 사안에도 불러도 되는, 참으로 열린 형식의 노래다.

열둘, 〈진주난봉가〉
며느리의 억울함만 한 민중의 억울함
━━

구전민요임에도 불구하고 각종 민중가요 책자에 실려 있으며*** 운동권

───
* 　흥사단 전라남도지부,『산울림』(1983); 고려대학교 노래얼,『노래얼』 3집(1984), 185쪽.
** 　한국민중교회운동연합 민중찬송가편찬위원회 엮음,『민중복음성가』(사계절, 1990), 111쪽.
*** 　광주민중문화연구회,『동트는 산하』(1985); 민주화운동기념사업회,『노래는 멀리멀리』(2006).

에 속한 사람들이라면 일반적으로 알고 있는 노래가 〈진주난봉가〉다. 〈진주 낭군가(郎君歌)〉 혹은 〈진주 남강〉이라고도 한다. 이 노래는 대표적인 시집살이 노래로 여성의 한을 노래한다. 제목은 진주가 들어있어 진주의 노래로 생각할 수 있지만 전국에 퍼져 있는 노래라고 한다. 그 기원을 『고려사』 권71 악지에서 찾아볼 수 있다고 하나, 오히려 조선시대의 시집살이에 관한 내용으로 짐작된다. 내용은 남편도 없이 며느리 혼자 시집살이를 하며 낭군을 기다렸는데 돌아온 낭군은 권주가를 부르며 첩과 술을 마시는 것을 보고 아홉 가지 약을 먹고 목매달아 죽었다는 것이다. 운동권에서 맥락에 맞지 않게 이 노래를 불렀던 이유는 무엇일까?

첫째는 미국 인권운동의 영향으로 지식인에 속하는 학생들이 여성인권에 대한 관심이 커졌다는 것이다. 실제로 사회과학을 공부하는 학생들과 흥사단 소속 학생들 간에는 한동안 여성의 인권에 관한 토의가 많이 이루어졌다고 한다. 그럼에도 불구하고 여성의 인권을 다룬 노래는 거의 없어 〈이 세계 절반은 나〉와 같은 노래에 페미니즘의 의미를 실어 부르기도 했다고 한다.* 사실은 〈가요, 나는 가요!〉라는 김문환 작사, 이요섭 작곡의 노래가 1970년대 중반에 세상에 나왔는데, 대중문화평론가 이영미는 이 노래가 여성문제를 다룬 유일한 민중가요였다고 한다.** 이런 형편이니 〈진주난봉가〉라도 열심히 부를 수밖

---

* 〈이 세계 절반은 나〉의 의미에 대해 이견이 있다. 이 노래가 페미니즘을 다룬 노래가 아니라 세계의 기아 문제와 빈부 격차를 다룬 노래라는 것이다.
** 이영미, "엄혹한 시절 유일한 페미니즘 노래 '가요, 나는 가요!'", ≪여성신문≫, 2014년 3월 4일 자.

진주난봉가

구전민요

울 도 담 도 없 는 집 에 서 시 집 살 — 이 삼 년 만 에

시 어 머 니　　하 시 는 말 씀　애 야 아 가　며 늘 — 아 가
진 주 남 강　　빨 래 — 가 니　산 도 좋 고　물 도 — 좋 아
고 개 들 어　　힐 끗 — 보 니　하 늘 같 은　갓 을 — 쓰 고
흰 빨 래 는　　희 게 — 빨 고　검 은 빨 래　검 게 — 빨 아
시 어 머 니　　하 시 는 말 씀　애 야 아 가　며 늘 — 아 가
사 랑 방 에　　나 가 — 보 니　온 갖 가 지　안 주 — 에 다
이 것 을 본　　며 늘 — 아 가　아 랫 방 에　물 러 — 나 와
이 말 들 은　　진 주 — 낭 군　버 선 발 로　뛰 어 — 나 와
화 류 정 은　　삼 년 — 이 요　본 댁 정 은　백 년 — 인 데

1, 2, 3, 4, 5, 6, 7, 8, 9.

진 주 낭 군 오　실 것 이 니　진 주 남 — 강　빨 래 가 라
우 당 탕 탕 빨　래 하 는 데　난 데 없 — 는　말 굽 소 리
구 름 같 은 말　을 타 고 서　못 본 듯 — 이　지 나 간 다
집 이 라 고 돌　아 와 보 니　사 랑 방 — 이　소 요 하 다
진 주 낭 군 오　시 었 으 니　사 랑 방 — 에　나 가 봐 라
기 생 첩 을 옆　에 끼 고 서　권 주 가 — 를　부 르 더 라
아 홉 가 지 약　을 먹 고 서　목 매 달 — 아　죽 었 단 다
내 이 럴 줄 왜　몰 랐 던 가　사 랑 사 — 랑　내 사 랑 아
내 이 럴 줄 왜　몰 랐 던 가　사 랑 사 — 랑　내 사 랑 아

어 화 둥 — 둥 내 사 랑 아

에 없었을 듯하다.

둘째로는 당시 군사정권, 유신정권이 각종 긴급조치로 국민의 활동을 죄어오는 사회적 상황하에서, 냉혹한 현실에 마주한 민중의 정서가 사회적 약자로서 며느리의 심정과 맞아떨어져 부르지 않았을까 싶다. 남편은 권력을 쥐고 있는 정권이고 아내는 민중이다. 며느리는 남편도 없이 시어머니를 모시며 남편이 과거 급제해 돌아올 것만을 기다린다. 남편만 돌아오면 지금까지의 고생이야 모두 보상이 되고도 남는다. 그런데 며느리는 여지없이 남편에게서 배신을 당하고 만다. 권력의 반대편에 있는 민중은 권력으로부터 끊임없이 소외당하고 배신당하고 있으니 느끼는 마음이 같은 것이다.

민중의 희망은 반듯한 민주사회였으나 새롭게 제시된 1970년대의 정책과 정치 상황은 간직했던 한줄기 희망을 부숴버렸다.* 아홉 가지 약이라도 먹고 죽고 싶은 심정이었을 것이다. 노래의 마지막에 남편은 죽은 아내를 보고 절망한다. 내가 왜 몰랐을까? 그러나 이미 때는 늦었다. 민중은 죽었다. 국민이 없는 국가는 국가가 아니다. 나중에 후회하지 말고 있을 때 잘하라는 것이다. 1970년대 〈진주난봉가〉를 불렀던 민중은 두 가지를 말하고 싶었던 것 같다. 하나는 사회적 약자로서 진주 며느리처럼 우리는 힘들어 죽겠다는 하소연이며, 또 하나는 그대가 잘못하면 우리가 나라님을 후회하게 만들 수도 있다는 것이다. 70년대, 80년대 학번의 운동권 학생들은 이 노래를 줄기차게 불렀다고 한다.

———
* 대한민국 제4공화국은 1972년 10월 17일에 유신헌법을 선포했다. 유신헌법이 내세우는 기본적 성격과는 다르게 사실상 박정희 대통령의 장기 집권을 위한 개헌이었고 대통령의 권한을 강화하는 독재를 위한 헌법이었다.

열셋, 〈빼앗긴 들에도 봄은 오는가〉

연극의 주제가로 태어난 노래

─

「빼앗긴 들에도 봄은 오는가」는 일제강점기의 저항시인 이상화가
1926년 ≪개벽≫ 6월호에 발표한 조국에 대한 애정과 일본을 향한 저
항의식을 담은 시이다. 그런데 같은 제목의 연극이 있었다. 주로 젊은
교사들이 모여 1976년 창단한 극단 '상황'이 이인석 작, 이민 연출로 올
린 첫 공연작 ≪빼앗긴 들에도 봄은 오는가≫이다. 연극의 주제가는
음악 교사인 변규백이 동명 시에 곡을 붙인 〈빼앗긴 들에도 봄은 오는
가〉이다. 연출가는 지금은 정치인이 된 이재오로, 이민은 예명이었다.
극단 '상황'은 이 연극 후에, 두 번째로 노경식 작, 이민 연출의 ≪소작
의 땅≫을, 세 번째로 이용찬 작, 이민 연출의 ≪3중 인격≫을 공연했
다. 유명한 연극인 김명곤은 네 번째 공연 ≪아벨만 이야기≫에 배우
로 출연하면서 극단에 참여했다고 한다. 극단 '상황'은 '남민전 사건'•

───
• '남민전 사건'은 1979년 10월 9일·16일, 11월 3일 3차례에 걸쳐 당국이 발표한
'남조선 민족해방전선 준비위원회' 사건의 약칭이다. 박정희 정권은 남민전이
한국전쟁 이후 최대 규모의 지하 점조직이며 표면상으로는 반체제를 가장하면
서 베트콩 방식을 도입, 데모와 테러 선동 게릴라 활동으로 사회를 혼란시켜 국
가변란을 기도한 적색집단이라고 규정해 78명을 잡아들였다. 이들 중 이재문은
옥사, 신향식은 사형 집행, 전수진은 병보석 후 병사했고, 나머지는 1·2심에서
39명이 석방되었으며, 만기, 특사 등으로 1988년 이전에 모두 석방되었다. 한
국사사전편찬회, "남민전사건", 『한국근현대사사전』(가람기획, 2005). 광주제
일고등학교, 전남대학교를 다니며 학생운동을 전개하던 시인 김남주는 '남민전

이 터지고 이민 대표와 핵심 교사들이 구속되면서 해산되었다. 연극은 잊혀졌으나 주제가는 1970년대 말부터 1980년대까지 대학생들이 많이 부르면서 민중가요 범주에 들어오게 되었다. 이 노래는 자연스럽게 80학번 후배들에게 전해졌다. 1980년대에 대학을 다녔던 학생들이 이 노래를 불렀는데 그들은 시위 현장 혹은 학회, 막걸릿집에서 〈빼앗긴 들에도 봄은 오는가〉를 배웠다고 구술한다. 흥사단 전라남도지부에서 1983년에 발간된 『산울림』에도 이 노래가 실려 있으며 1984년에 발매된 앨범 ≪노래를 찾는 사람들≫ 1집에도 실려 있다.

1980년대 중반은 지하 서클을 중심으로 움직이던 운동권이 점차 양지로 나오게 된 시기였고 일반 학생들은 일명 '학회'라는 학과 중심의 모임에 나가 사회문제에 대해서 듣거나 토론했다. 이곳에서 사회의 현실을 조금 더 이해할 수 있게 되었고 학생운동에 참여할 수 있게 되었다. 더불어 학회에서는 민중가요나 '민중가요화'되어 가는 당시의 노래들을 배울 수 있었다. 84학번인 정남용은 자신의 재학 시절에는 과반수 정도의 학생들이 '이러한 사회문제에 대한 의식을 가지고 운동에 참여하는 것이 대학생들의 의무이며 옳은 일'이라고 생각하며 운동에 참여했다고 한다.• 그는 〈빼앗긴 들에도 봄은 오는가〉와 같은 노래들을 학회에서 배웠다고 말했다. 광주에서 대학을 다녔던 박영정(79학번)은 운동권 친구들과, 배종민(82학번)은 학과에서 이 노래를 많이 불렀다고 이야기한다.

사건'으로 체포되어 징역 15년을 선고받고 광주교도소에 수감되었다가 1988년 12월 형 집행정지로 9년 3개월 만에 석방되었다.
• 정남용(서울대 84학번) 인터뷰(2016.11.8).

빼앗긴 들에도 봄은 오는가

이상화 시
변규백 작곡

그래도 우리는 노래한다

2. 김민기의 노래들

김민기의 노래는 1970년대부터 지금까지 이 땅의 젊은이들에게, 더 넓게는 한국의 문화운동계에 큰 영향을 미쳤다. 젊은 그가 자신의 내부에서 우러나오는 독백과 같은 노래들을 내어놓을 때마다 그 노래들은 민주화운동에 사용되는 저항가요가 되었고 노동운동에 사용되는 노동가요가 되었다. 김민기 자신도 "내 몸에서 나간 〈아침이슬〉, 〈상록수〉가 나간 것 백배가 되어 돌아와 버겁다"고 고백한다.• 이 두 노래 외에도 민중가요집이라 불리는 책들에 실린 그의 노래는 수두룩하다. 그는 감성의 폭이 넓다. 노래들의 주제는 어두운 곳을 두루 향하고 있다. 〈기지촌〉, 〈꽃피우는 아이〉, 〈늙은 군인의 노래〉, 〈금관의 예수〉, 〈야근〉 등의 노래만 보더라도 그의 시선이 머무는 곳은 매우 다양하다. 노래 작곡가로서 그는 좋은 조건을 다 갖추고 있다. 먼저 그는 노래하고자 하는 대상을 대부분 직접 가사로 쓰고 작곡하기 때문에 가사와 선율의 만남에서 어색함이 없다. 또 본인이 가수라서 노래하기에 좋은 선율을 만들어낼 수 있다. 노래가 서투른 어떤 작곡가들은 서양 클래식 음악의 기악곡처럼 노래를 작곡해 연주상 어려움이 발생하기도 하는데 그에게는 그런 점이 없다는 것이다.

김민기는 사회운동을 의도하면서 노래를 작곡한 것이 아니었음에도 불구하고 70년대 학번의 운동권 학생들은 김민기의 노래를 불렀다. '운동권에서 선택한 것'이다. 여기에서 그의 노래 항목을 따로 기술하

• "아침이슬 그 사람", 이진순의 열림, 김민기(상), ≪한겨레신문≫, 2015년 4월 3
  일 자.

는 것은 그의 의도와는 상관없이 집회와 시위가 있을 때마다 불렀던 노래 중에서도 특별히 김민기 한 사람의 노래가 많았기 때문이다. 모든 노래의 배경이 알려진 것은 아니지만 몇 개의 노래는 특별한 사정이나 사연이 알려져 있다. 그 배경을 알면 노래에 대한 이해가 깊어지면서 노래를 향한 마음이 더 살뜰해지기도 한다. 여기서는 그의 노래 중 여섯 곡을 선택했다.

열넷, 〈아침이슬〉
한국형 민중가요를 낳게 한 첫 노래

———

1971년 9월 양희은이 독집 음반을 세상에 내놓았다. 10곡이 실린 음반은 김민기 작곡의 〈아침이슬〉과 〈그 날〉, 시인 고은의 시에 김광희가 곡을 붙인 〈세노야 세노야〉 외에는 모두 외국곡으로 채워져 있다. 당시는 미국문화의 식민지 시대로 생맥주와 청바지, 통기타가 청년과 대학생의 문화를 대표하고 있었고 그 문화의 아이콘이 음악에서는 양희은, 트윈폴리오(송창식과 윤형주), 조영남 등이었다. 트윈폴리오의 첫 독집 음반이자 은퇴 기념 음반에 실린 노래도 〈하얀 손수건〉, 〈웨딩 케익〉, 〈축제의 노래〉 등 대부분 번안곡이었고 이 노래들은 아마도 대학 물을 먹은 학생이라면, 그리고 고등학교 재학 중의 학생이라면 대부분 알 만한 팝송이었다. 이런 노래들이 대세를 이루던 젊은이들에게 새롭게 다가온 신선한 노래가 〈아침이슬〉이었다.

1969년 서울대 회화과에 입학한 김민기는 예민한 감수성으로 자

아침이슬

김민기 글, 곡

긴 밤 지새우고 풀잎마다 맺힌 진
주보다도 고 — 운 아침이슬처 — 럼 내
맘의 설움이 알알이 맺힐 때 아
침 동산에 올 — 라 작은 미소를 배운다
태양은 묘지 위에 붉게 떠오르고 한낮
의 찌는 더위는 나의 시련일지라 나
이제 가노라 저 거친 광야에 서
러움 모두 버리고 나 이제 가노라

신의 주변에서 느낀 것들을 조용히 노래로 만들어냈다. 그는 1971년 친구의 소개로 재동국민학교 1년 후배인 양희은을 만났다. 그녀는 생계를 위해 노래하는 학생가수였다. 양희은은 김민기가 부르는 이 노래를 듣고 '너무 좋다'고 느꼈다. 이 노래를 부르고 싶었던 그녀는 1971년, 자신의 음반을 제작할 때 이 노래를 포함시켰고 김민기는 기꺼이 편곡과 기타 반주를 맡아주었다. 김민기도 독집 음반 ≪김민기≫ 1집 (1971.10)에 〈아침이슬〉을 실었다. 놀랍게도 이 노래는 1971년에 건전가요상을 받았다.* 그러나 그의 독집 음반은 〈꽃피우는 아이〉의 가사가 빌미가 되어 1972년 전량 압수되었고** 그는 서울 동대문경찰서로 끌려갔다. 다시 1975년에 〈아침이슬〉은 공식적으로 금지곡이 되었다. 그러나 〈아침이슬〉은 입에서 입으로 전해졌고 대학생과 지식인 사이에서 애창곡으로 남았다.

　"태양은 묘지 위에 …… 나의 시련 …… 나 이제 가노라" 등의 가사는 그 배경을 듣기 전에는 다양한 해석이 분분했다. 그러나 가사는 실제 경험에서 나온 사실적 묘사에 근거한 것이었다.***

———

- "아침 이슬은 건전가요상을 받고 금지곡도 된 노래", ≪한국경제≫, 2007년 10월 25일 자
- ** 〈꽃피우는 아이〉의 가사는 다음과 같다. "무궁화 꽃을 피우는 아이, 이른 아침 꽃밭에 물도 주었네, 날이 갈수록 꽃은 시들어 꽃밭에 울먹인 아이 있었네 / 무궁화 꽃 피워 꽃밭 가득히 가난한 아이의 손길처럼 / 꽃은 시들어 땅에 떨어져 꽃피우던 아이도 앓아누웠네 누가 망쳤을까 아기의 꽃밭, 그 누가 다시 또 꽃피우겠나, 무궁화 꽃 피워 꽃밭 가득히 가난한 아이의 손길처럼"
- *** 음악평론가 강헌과의 인터뷰에서 김민기는 자신이 가난한 미대생이었을 때, 고된 하루 일과 끝에 긴 밤을 지새워 술을 마시다가 필름이 끊기고 잠이 들었는

공안당국은 1971년에 건전가요상을 받은 이 노래가 점차 불편해졌다. 결국 어떤 정확한 근거도 제시되지 않은 채 1975년, 유신 정부의 긴급조치 9호에 의해 이 노래는 금지곡으로 지정되었다. 그럼에도 불구하고 각종 설문조사에 따르면 〈아침이슬〉은 〈임을 위한 행진곡〉이 나오기 전까지 대학생들 사이에서 최고의 애창곡으로 자리 잡았다.*

〈아침이슬〉은 그때까지의 대중가요와는 다른 차원의 노래였다. 사랑, 이별, 눈물을 노래하지 않는 대신 화자가 허허벌판, 광야 같은 사회를 바라보며 갖는 체념을 실은 순응, 그리고 작은 결단 등을 노래한다. 김민기의 노래 가사는 묘사하기 난해한 세상과 인생조차도 또렷하게 표현하고 읽어내는 '시'다. 그래서인지 김지하는 김민기를 시인으로 인정했다고 한다. 또 김민기는 김지하의 영향을 받은 것 같다. 김지하를 향해 "무한한 고마움을 가지는 건, 내게 우리말의 생동성을 처음 깨우쳐준 선배라는 점"이라고 말한다.** 어찌되었건 사랑도, 이별도 노래하지 않는 〈아침이슬〉의 스타일은 민중가요가 배워가야 할 규범을 제시한 셈이 되었다.

네도막형식의 〈아침이슬〉은 일반적인 정격종지(V-I, G7-C)로 노래가 끝나는 대신 변격종지(IV-I, F-C)로 노래가 마무리되었다. 변격종지

데, 정신을 차리고 보니 돈암동 야산의 공동묘지 위에서 잠을 깨었다는 것이다. 이 이야기는 그대로 시적으로 다듬어져 가사가 되었고 당시의 느낌을 덧붙였을 뿐인 것이다.

* 김창남 엮음, 『김민기』(한울, 2004).

** "아침이슬 그 사람", 이진순의 열림, 김민기(상), ≪한겨레신문≫, 2015년 4월 3일 자.

란 아멘종지, 혹은 교회종지로 기독교 성가 혹은 찬송가에서 정격종지 후 아멘을 노래하는 부분에서 사용하는 종지이다. 김민기는 이러한 종지로 마감하면서 노래에 경건한 느낌을 부여했다.

열다섯, 〈금관의 예수〉
연극에 혼을 불어넣은 노래
―

노래 〈금관의 예수〉는 연극 《금관의 예수》에 삽입된 노래다. "《금관의 예수》는 1972년 1월에서 3월까지 한국 팍스 로마나(Pax Romana)의 크리스천 문화운동의 일환으로 전국 가톨릭 교구의 지역본부가 있는 도시를 순회한 공연이었다."• 연극 《금관의 예수》의 원작은 이동진이 김지하의 희곡 「구리 이순신」을 읽고 쓴 모방작 「청동예수」라고 한다. 이동진의 연극 대본으로 연극진이 연습에 들어갔으나 이를 지켜본 김지하가 "이대로는 안 되겠다"며 대본을 대폭 수정해 무대에 올렸다. 첫 공연 후, 작품이 무대에 계속 공연되는 동안 연출가이며 극작가인 최종률, 오종우 등이 끊임없이 다듬어 현재의 4장으로 고정되었다고 하니 이 작품은 집단 창작된 연극이라고 할 수 있겠다.•• 이 대본이 누구의 손에서 완성되었건 노래 〈금관의 예수〉의 가사가 시인 김지하의 '시'인 것만은 분명하다. 다음은 가사 변동을 확인할 수 있는 김지하

―

• 　김현민, 「1970년대 마당극 연구」(이화여자대학교 석사학위논문, 1993), 31쪽.
•• 　"〈금관의 예수〉 원작자(原作者)는 누구인가", 《동아일보》, 1991년 8월 8일 자.

금관의 예수

김민기 글, 곡

얼어붙은 저— 하늘 얼어붙은 저벌판 태—
아— — 거리 여— 외— 로운거리여 거절

양 도빛을—잃어 아 캄캄한저가난—의거리 어
당 한손길—들의 아 캄캄한저곤욕—의거리 어

디 에서 왔 나 얼굴 여윈사 람 들 무얼
디 에있을 까 천— 국은어 디 에 죽음

찾 아헤매 이나 저 눈 저메마—른손 길— 오
저 편푸른 숲에 아 거 기에— —있을 까—

주여이제는여 기에 오 주여이제는여 기에 오 주여이제는여

기에우리 와 함께하 소서 아 기에여기 에우리와함 께 오

주 여이제는여 기에 오 주 여이제는여 기에 오

주 여이제는여 기에 우리 와 함께하 소 서

의 시 일부분이다.

> 얼어붙은 저 하늘 얼어붙은 저 벌판 태양도 빛을 잃어
>
> 아, 캄캄한 저 가난의 거리
>
> 어디서 왔나 얼굴 여윈 사람들
>
> 무얼 찾아 헤매나
>
> 저 눈, 저 메마른 손길
>
> ……
>
> 어디 있을까
>
> 천국은 어디
>
> 죽음 저편에
>
> 사철 푸른 숲
>
> 거기 있을까
>
> ……
>
> 오, 주여 이제는 여기
>
> 우리와 함께, 주여 우리와 함께

〈금관의 예수〉에 관해 광주에서 전해지는 에피소드가 있다. 1970
년대 말을 전후해 농촌 곳곳에서 크게 물의를 빚은 '돼지값 폭락'은 농
업축산 정책의 고질적인 병폐를 단적으로 드러냈다. 1979년 '돼지값
폭락'을 거론한 수많은 기사가 신문에 게재되었다. "돼지값 폭락(暴落)
을 막아야 한다. 양축농가(養畜農家)의 소득증대책(所得增大策) 시급",•

———
• 《매일경제신문》, 1979년 11월 13일 자, 화요일 2면.

"돼지값 폭락: 키우는 것보다 값을 보장해줘야 한다."• "홍성지방 폭락 돼지값: 새끼 죽여버려"•• 등이 그 예다. 이러한 사회적·경제적 문제를 소재로 한 창작 마당극이 ≪돼지풀이≫다. ≪함평고구마≫를 성공적으로 이끈 전남대 연극반과 민속문화연구회 일원들은 극회 '광대'를 조직하고 창립 기념 공연으로 새로운 창작 마당굿 ≪돼지풀이≫를 준비해 1980년 3월 15일, 광주 YMCA 무진관(체육관)에서 공연했다.••• 이 공연에 앞서 양희은, 서울대 노래패 '메아리', 김영동의 특별 프로그램이 있었다. '현대문화연구소'••••의 지원과 함께 주최 측은 이 공연을 성공적으로 마치기 위해 조직적으로 입장권을 판매했고 덕분에 2000여 명의 학생과 농민이 중심이 되어 관중이 모여들었다. 광주에 마당극과 탈춤을 전수해주었던 채희완 외에도 임진택, 김민기, 장선우(현 영화감독) 등이 광주를 방문해 함께 관람했다.

특별 프로그램의 초청 가수 양희은은 사람들을 모으는 원동력이 되었다. 서울대 노래패 '메아리'와 김영동의 무대에 이어 양희은의 공연이 이어졌다. 그런데 양희은이 〈금관의 예수〉를 부르자 야유와 항의가 날아들었다. 김민기 작곡의 〈주여 이제는 여기에(금관의 예수)〉를 부르는데 가사가 틀렸다는 것이다. 양희은이 김지하의 연극 ≪금관의 예수≫에서 불렀던 원래의 가사가 아니라 반공노래로 둔갑해 레코드에

•   ≪경향신문≫, 1979년 8월 27일 자, 2면.
••   ≪동아일보≫, 1979년 11월 28일 자, 7면
•••   1970년대에서 1980년대까지 마당극 공연팀은 '마당굿'과 '마당극', '노래굿'과 '노래극'을 혼용했다.
•••• 윤한봉, 황석영, 김남주 등이 1979년 설립한 연구소다.

실린 가사로 불렀다는 것이다. 양희은은 이 노래를 두 차례 그녀의 앨범에 실었다. 1976년의 앨범 ≪양희은 캐롤≫과 1979년에 발매한 앨범 ≪양희은≫이다. 유신시대였던 1976년 설립된 공연윤리위원회의 심의에 걸리는 것을 피하기 위해 〈주여 이제는 여기에〉의 제목과 가사를 바꾸었다. 제목은 〈주여 이제는 그곳에〉로, 가사는 "어두운 북녘 땅에 한줄기 빛이 내리고 …… 오 주여 이제는 그곳(북한)에 그들과 함께"로 바뀌었다. 광주의 학생들은 〈주여 이제는 여기에〉가 이 땅의 가난과 어두움을 지적하는 노래임을 이미 알고 있었고 그렇게 부르고 있었다.* 결국 양희은은 마당극 뒤풀이 자리에서 노래 가사에 대한 사과를 했고 원래의 가사로 다시 불렀다고 한다.**

열여섯, 〈늙은 군인의 노래〉

〈투사의 노래〉로 더 알려진 노래

———

〈늙은 군인의 노래〉는 5·18민주화운동 이전에 창작된 노래다. 1980년 학원자율화를 외치던 봄의 대학 교정에서 〈홀라송〉과 함께 가장 많이 불렀던 노래로 기억된다.

　1980년 3월, 개학 후 전국의 각 대학 교정은 말 그대로 시끄러웠

———

* 　김민기도 〈금관의 예수〉를 자신의 음반 3집(1993년)에 〈주여 이제는 여기에〉라는 제목으로 실었다.
** 　박병기(74학번, 철학박사) 인터뷰(2014.8.4).

늙은 군인의 노래

(투사의 노래/노동자의 노래/교사의 노래)

김민기 글, 곡

나 – 태어난 이 강산에 군인이 – 되어
아 – 들 – 아 내 딸들아 서러워 – 마라
내 – 평 – 생 소 원 – 이 무엇이 – 더냐
푸른하 – 늘 푸른 – 산 푸른강 – 물에

꽃 – 피고 눈 내리기 어 언 – 삼 – 십년
너 희들은 자 랑스런 군 인 – 아 들 이 다
우 리손 주 손 목 잡고 금 강 산 구 경 일 세
검 은얼 굴 흰 머 리 에 푸른 모 자 걸 어 가 네

무 엇을 하 였느냐 무 엇을 – 바 라 느 – 냐
좋 은 옷 입 고 프냐 맛 난 것 – 먹 고 프 – 냐
꽃 피 어 만 발 하 고 활 짝 개 인 그 – 날 – 을
무 엇을 하 였 느냐 무 엇을 – 바 라 느 – 냐

나 죽 – 어 이 흙 속에 묻 – 히 면 그 만 이 지
아 서 라 말 아 – 라 군 – 인 의 아 들 이 다
기 다 리 – 고 기 다 리 다 이 내 청 춘 다 – 갔 네
우 리 손 – 주 손 목 잡고 금 – 강 산 구 경 가 세

아 다 시 못 올 흘 러 간 내 – 청 춘 –

푸 른 옷 에 실 려 – 간 꽃 다 운 이 내 청 춘

다. "동참하라, 동참하라", "우리들은 정의파다 홀라홀라." 전남대학교
에서도 시위를 주도하는 학생들은 노래와 구호를 외치며 인문대에서
부터 도서관(지금의 백도) 앞, 제1학생회관을 거쳐서 대강당 앞으로 달려
온다. 다시 이학부 건물을 향해 달리고, 일부는 공대 쪽으로 달리고 또
달리면서 동참을 호소한다. 그러다 인문대학 혹은 도서관 앞에 모여든
학생들 앞에서 누군가가 구호를 외치고 노래를 선창한다.

> 나 태어나 이 강산에 투사가 되어
> 꽃피고 눈 내리기 어언 삼십 년
> ……
> 푸른 옷에 실려 간 꽃다운 이내 청춘

몇 차례 반복하는 동안 학생들은 금방 따라 부른다. 앞장서서 노
래하던 운동권 학생은 〈늙은 군인의 노래〉를 〈투사의 노래〉라고 알려
주었고 그렇게 알고 노래를 부르던 나에게 의문이 생겼다. '투사는 왜
푸른 옷을 입는가?'
  1979년 10·26사태 이후 1980년에는 '서울의 봄'을 맞아 전국에서
민주화를 위한 집회와 시위가 연일 계속되고 있었다. 학생들은 전국대
학생 대표자회의에서 결정한 대로 1980년 5월 15일까지만 집회를 하
고 정치권의 반응을 지켜보기로 했다. 그러나 광주에서는 이미 5월 16
일의 집회까지 계획되어 있었다. 결국 전남대, 조선대, 광주교육대, 조
선대공전, 동신실업전문대, 송원전문대, 성인경상전문대, 기독병원 간
호전문대, 서강전문대 등 광주 시내 9개 대학의 학생 3만여 명은 오후
3시부터 도청 앞 광장에서 민주화성회, 시국성토대회를 벌였다. '계엄

철폐' 등의 구호와 함께 이때도 〈정의파(홀라송)〉와 〈투사의 노래〉를 불렀다.

〈늙은 군인의 노래〉를 작곡한 김민기는 1969년 서울대 미대 회화 과에 진학해 〈아침이슬〉, 〈친구〉, 〈금관의 예수〉 등을 작곡하고 발표 했다. 친구와 함께 듀엣 '도비두'를 결성해 싱어송라이터로서 통기타를 치며 노래도 했다. 그는 1974년 10월에 카투사로 군 생활을 시작했지 만 1975년 초에 보안대에 소환되어 조사를 받았고 15일간 영창에서 보 낸 후에 최전방으로 배치되었다. 순탄치 않았던 군 생활 동안 만든 노 래로 〈식구생각〉과 〈늙은 군인의 노래〉가 있다.

김민기가 최전방에서 근무하던 1976년, 평생을 군인으로 살다 정 년을 앞둔 선임하사가 그에게 군 생활을 마감하는 심경을 눈물과 함께 털어놓았다. 이를 듣고 김민기가 만든 노래가 〈늙은 군인의 노래〉 다.• 푸른 옷(군복)을 입고 청춘을 군에서 다 보낸 '군인'의 삶의 회고가 고스란히 가사에 담겨 있다. 이 노래는 발표되자 곧 전군에 퍼졌고 국 방장관은 '군인들의 사기를 저하시킨다'는 이유로 군에서 이 노래를 금 지시켰다. 더 나아가 문광부장관에게 직접 금지곡으로 지정해줄 것을 요청했다고 한다.••

하지만 당시, 정권의 바람과는 반대로 노래는 군인들에게는 물론, 전국의 학생들에게 퍼져나갔다. 그리고 '군인' 대신 '투사'로 바뀌어 대 표적인 '노가바' 운동가요가 되었다. 1987년 6월항쟁을 거치면서는 더 욱 많이 부르는 노래가 되었다. 〈늙은 군인의 노래〉는 집회와 시위 주

• "늙은 군인의 노래", ≪경향신문≫, 1993년 4월 28일 자.

•• 김동률, "'별'들이 부르는 늙은 군인의 노래", ≪중앙일보≫, 2012년 9월 25일 자.

인공들의 신분에 따라 교사의 노래, 농민의 노래, 노동자의 노래로 바뀌어 멀리 그리고 널리 퍼져나갔다.* 최근에는 50대의 장군들이 어깨를 얼싸안고 이 노래를 부르더라는 기사와, 기자들도 가사를 '기자'로 바꾸어 불렀다는 기사를 보았다.** 가난한 군인, 노동자, 농민의 삶을 대변하는 것을 넘어서 아이러니하게도 최고 기득권층의 정서까지도 껴안는 노래가 되었다.

열일곱, 〈상록수〉
저 푸르른 들판에 솔잎이 되어

——

1974년, 카투사로 입대한 김민기가 처음 배치된 곳은 주한미군방송(AFKN)이었다. 1975년 어느 날, 그는 갑작스럽게 보안부대에 소환되어 중앙정보부 요원을 만났다. 중앙정보부의 학원 담당이라는 자가 김민기에게 '노래를 만들라'는 지시를 내렸다. 당시에는 '유신정권'을 반대하는 집회가 계속되었다. 집회에서는 당연히 김민기의 노래들이 불렸고 이를 저지할 수 없던 군사정권은 김민기의 새 노래로 집회에서 부르는 노래들을 잠재우고 분위기를 바꿀 수 있다고 생각한 것인지, 그에게 새로운 노래를 위촉한 것이다. 그때 만든 노래가 〈식구생각〉이

——

- 『우리시대의 노래』의 2000년 개정 증보판(민맥 편집부, 2000)에는 〈늙은 노동자의 노래〉로 실려 있다.
- "'핀란디아'를 들으며", ≪동아일보≫, 2005년 4월 5일 자.

다.* 그러나 〈식구생각〉은 오히려 중앙정보부를 화나게 했고 김민기는 곧바로 사단 영창에 보내졌다. 그리고 마침내 최전방 부대로 재배치되었다. 이런 일을 겪었던 그가 제대 후 갈 수 있는 곳은 별반 없었을 것이다.**

군 제대 후 김민기는 일반적인 취업이 불가능했다. 1977년 5월, 만기제대한 김민기는 부평 근처 봉제공장에 위장 취업해 노동자들과 함께 생활하면서 그들의 세계를 경험했다. 그곳에서는 다수의 동료 노동자들이 경제적인 이유로 결혼식도 치르지 못한 채 동거하고 있었다. 이들의 결혼식을 돕기로 한 그는 〈거치른 들판에 푸르른 솔잎처럼〉을 작곡해서 합동결혼식의 축가로 사용했다. 이 노래는 1978년 12월에 〈거치른 들판에 푸르른 솔잎처럼〉이라는 제목으로 양희은의 음반에 실렸다.

1978년 12월 27일 김민기는 김영동과 함께 광주에 내려가, 광주

---

* 〈식구생각〉의 가사는 다음과 같다. "분홍빛 새털구름 하하 고운데 / 학교 나간 울 오빠 송아지 타고 저기 오네 / 읍내 나가신 아빠는 왜 안오실까 / 엄마는 문만 빼꼼 열고 밥 지을라 내다 보실라 // 미류나무 따라서 곧게 난 신작로 길 / 시커먼 자동차가 흙먼지 날리고 달려가네 / 군인 가신 오빠는 몸 성하신지 / 아빠는 썼다 말고 먼 산만 바라보시네 // 이웃집 분이네는 무슨 잔치 벌였나 / 서울서 학교 댕기다던 큰언니 오면 단가 뭐 / 돈 벌러 간 울 언니는 무얼 하는지 / 엄마는 괜히 눈물 바람 아빠는 괜히 헛기침만 // 겨울 가고 봄 오면 학교도 다시 간다는데 / 송아지는 왜 판담 그까짓 학교 대순가 뭐 / 들판엔 꼬마애들 놀고 있는데 / 나도 나가서 뛰어놀까 구구단이나 외울까 말까"

** "'아침이슬' 김민기 '세월호, 나는 그 죽음을 묘사할 자격이 없다'", 이진순의 열림, '아침이슬 그 사람' 김민기(하), ≪한겨레신문≫, 2015년 4월 10일 자.

운동권의 중심이라고 할 수 있는 선배인 김상윤의 녹두서점을 방문했다. 그곳에서 그는 김상윤에게서 노동운동가 박기순이 불의의 사고로 전남대병원 영안실에 누워 있다는 얘기를 들었다. 박기순은 전남대학교 사범대학 역사교육과 학생으로 '교육지표 시위사건'에 가담했다는 이유로 1978년 강제 휴학을 당한 뒤 '들불야학' 창설에 힘을 쏟고 있었다. 박기순은 주변에 민청학련 사건에 연루된 오빠 박형선이 있었고 민청학련 조직의 호남 책임자 격이었던 윤한봉, 그의 동생인 올케 윤경자, 남민전 사건으로 징역 15년을 선고받았던 김남주 등이 있어 그들의 영향을 많이 받았다. 노동운동에 뜻을 모은 박기순, 신영일, 나상진, 이경옥, 임낙평 등은 7월에 광천공단에서 가까운 광천 천주교회의 교리실 한 칸을 빌어 '들불야학'을 시작했다. 박기순은 서울의 안정적인 직장을 떨쳐버리고 사회운동을 위해 광주로 돌아온 윤상원을 강권해 들불야학에 끌어들였다. 이들은 야학의 운영뿐만 아니라 후에 합류한 김영철을 중심으로 지역주민운동을 펼쳤다. 그녀는 같은 해 10월에 광천공단 내의 '동신강건사'에 노동자로 입사했다.• 아침부터 저녁까지 공장에서 일하고 돌아와 지친 몸으로 다시 야학의 강학으로 활동하던 박기순은 12월 25일 성탄절 휴일에도 학당에 필요한 난로의 땔감을 구하기 위해 동료들과 광주소년원 부근의 야산에서 솔방울을 모으러 다녔다. 그날 밤 11시에 학당을 나온 박기순은 오랜만에 방문한 오빠 집 (주월동)에서 어처구니없게도 연탄가스 중독으로 병원에 실려 갔고 성탄절 다음 날 새벽에 죽음을 맞았다.

김민기는 곧장 영안실로 달려갔다. 12월 28일 영안실에서는 박기

• 　박호재·임낙평, 『윤상원 평전』(풀빛, 2007), 144쪽.

상록수

김민기 글, 곡

저 들의 푸 르른 / 솔 잎을 보 라
서 럽고 쓰 리던 / 지 난날 들 도
우 리들 가 진것 / 비 록적 어 도

돌 보는 사 람도 / 하 나없 는 데
다 시는 다 시는 / 오 지말 라 고
손 에손 맞 잡고 / 눈 물흘 리 니

비 바람 맞 고 / 눈 보라 쳐 도
땀 흘리 리 라 / 깨 우치 리 라
우 리나 갈 길 / 멀 고험 해 도

온 누리 끝 까지 / 맘 껏푸 — 르 다
거 치른 들 판에 / 솔 잎되 — 리 라
깨 치고 나 아가 / 끝 내이 기 리 라

순을 떠나보내는 영결식이 있었고 그곳에서 김민기는 조가로 〈거치른 들판에 푸르른 솔잎처럼〉을 불렀다.* 축가가 조가가 되었다. 광주에서는 처음 듣는 노래였으나 모두의 가슴을 적셨다. 〈거치른 들판에 푸르른 솔잎처럼〉은 후에 〈상록수〉라는 제목으로 더 많이 알려졌다. 김민기가 박기순의 장례에서 이 노래를 부른 인연으로 지금도 박기순의 추모 행사에서는 〈상록수〉를 부르고 있다.

열여덟, 〈야근〉과 노래굿 ≪공장의 불빛≫
군인들의 구전가요가 노동가요의 고전이 되다

──

김민기는 1978년 겨울에 노래굿 ≪공장의 불빛≫을 창작했다. 이는 최초의 마당극운동조직 '한두레'의 공연으로 기획되었고 카세트테이프로 제작하여 한국도시산업선교회의 후원으로 배포했다. 그리고 1979년 2월에는 공안정국의 많은 제한과 어려움 속에서도 제일교회에서 처음으로 공연되었다. 〈야근〉은 노래굿 ≪공장의 불빛≫의 일곱 번째 트랙에 있는 노래다.

　이 작품이 만들어진 때는 마침, 당시 큰 이슈가 되었던 인천 동일

──

* 　김상윤과 인터뷰(2014.4.28); "'노동자의 누이' 박기순, 다시 만난다", ≪한겨레신문≫, 2013년 12월 12일 자. 박기순의 장례식에 참석한 조문객들은 당시에 알려지지 않은 노래 〈거치른 들판에 푸르른 솔잎처럼〉를 듣고 박기순의 장례식을 위해 작곡된 노래로 알고 있었다.

야근

김민기 글, 곡

Cm

서 방 님 의 손 가 락 은 여 섯 개 래 요 시 — 퍼 런 절 단 기 에 뚝 뚝 잘 려 서 한
울 고 짜 고 해 — 봐 야 소 용 있 나 요 막 — 노 동 판 에 라 도 나 가 봐 야 죠 불
돈 — 벌 어 대 는 것 도 좋 긴 하 지 만 무 슨 통 뼈 깡 다 구 로 맨 날 철 야 유? 누

Fm   Cm   G   Cm

개 에 오 만 원 씩 이 십 만 원 을 술 퍼 먹 고 돌 아 오 니 빈 털 털 이 래
쌍 한 언 — 니 는 어 떡 하 나 요 오 — 늘 도 철 야 명 단 올 렸 겠 지 요
구 는 하 고 싶 어 하 느 냐 면 서 힘 — 없 이 하 는 말 이 폐 병 삼 기 래

1.2. Cm   Bb   Ab   G   Cm   Bb   Ab   G

야   야   야   야   야   야   야   야

3 Cm   Bb   Ab   G   Cm   Bb   Ab   G

남 좋 은 일 해 봐 야 헛 거 지 — 고 생 하 는 사 람 들 만 손 해 야 —

C   G D G7 C G C G Am   Em F G Cm

그 거 야 특 별 한 경 우 겠 죠 병 걸 려 있 으 니 까 그 런 거 죠 삼

Fm   Cm   G   Cm

년 만 지 내 보 면 알 게 될 거 다 귀 머 거 리 폐 병 쟁 이 누 구 누 군 지

Cm   Bb   Ab   G   Cm   Bb   Ab   G

야   야   야   야   야   야   야   야

일 하 기 싫 으 면 관 두 래 지 뭣 하 러 공 순 이 는 되 — 었 담 누

구 는 좋 아 서 되 었 나 가 난 한 집 에 서 난 죄 지

우 우 우 우 우 우 우 우

그 거 야 순 전 히 대 사 정 이 죠 공 연 히 남 들 핑 계 대 지 말 아 요 묵

묵 히 참 으 면 서 일 만 하 세 요 윗 분 들 이 잘 알 아 서 해 줄 거 예 요 야!

세 상 물 정 하 나 도 모 르 네 — 시 골 에 서 갓 올 라 온 촌 뜨 기 —

사 장 님 네 강 아 지 는 감 기 걸 려 서 포 니 타 고 병 원 까 지 가 신 다 는 데 우 리

들 은 타 이 밍 약 사 다 먹 고 요 시 다 신 세 면 할 날 만 기 다 리 누 나

월급봉투 누런봉투 빈봉투 — 구멍가게 지나갈 땐 돌아가지 —

내일이면 선거날 노동조합 만드는날 날만새봐라 선거날 노동조합 만드는날

우쭐우쭐 들먹들먹 신바람 — 나네 날만새봐라 선거날 노동조합 만드는날

세 워 세 워 세 워 세 워 세워

지가무슨 여대생이나 된것같네 — 바보가아니면은 돌은애야 —

이웃을 만들면은 누가입나요 사 장 님 사모님이 사서입나요 코

쟁이 노랑머리 사서입나요 우리들은 작업복만 어울린대요

만들어도 입어봐도 못입네 — 빛깔좋은 개살구 개살구 —

방직사건이 있었다. 인천에 있는 동일방직 공장에서는 인간으로서 감당하기 어려운 열악한 환경에서 일을 하던 1300여 명의 조합원들이 민주노조를 꾸려 점차 일터를 개선해나가고 있었다. 이 과정에서 수년간 이를 방해하는 회사 측과 여성 노조원들 간에 많은 일이 일어났다. 특히 1978년 2월 노조원들이 대의원선거를 준비하던 중, 회사 측에 매수된 남성 노동자들이 선거를 방해하기 위해 똥물을 끼얹거나 얼굴에 바르는 등의 일도 있었고 여성 노동자들이 경찰의 강제 연행을 피하려 반나체로 시위하기도 했다. 이러한 사건은 당시 큰 이슈가 되었으나 다른 공장들도 이와 크게 다를 바 없는 시대였다. 김민기의 공장 생활 경험은 노동계의 이러한 상황을 이해할 수 있게 해주었고 노래굿의 창작에 도움이 되었다. 다음은 《공장의 불빛》이 처음 제작되었을 때의 트랙 순서다.

1. 소개의 말 2. 서곡 3. 편지 4. 교대 5. 사고 6. 작업장 7. 야근 8. 공장의 불빛 9. 음모 선거 10. 구사대, 돈만 벌어라 11. 전야 12. 노조설립 13. 난입 14. 유린 15. 두어라 가자 16. 재기 17. 결의, 이 세상 어딘가에 I 18. 연행 19. 해고 20. 아침 바람 21. 다짐 22. 에필로그: 이 세상 어딘가에 II

《공장의 불빛》에 속한 노래들은 배포된 테이프를 통해서 쉽게 전국의 학생들에게 확산되었고 1980년대 초반에 제작되었던 민중가요집에는 노래극에서 발췌된 노래들이 실려 있다. 그러한 노래 중에서 가장 인상 깊은 노래가 〈야근〉일 것이다. 빠른 속도로 경쾌하게 부르는 이 노래는 언뜻 듣기에 신나는 노래이나 치열한 고발의 노래다. 선율은 군대의 비리를 고발하는 구전가요에서 빌렸다. 군 구전가요의 가사는 다음과 같다. "소령·중령·대령은 짚차 도둑놈, 소위·중위·대위는 권총 도둑놈, 하사·중사·상사는 모포 도둑놈, 불쌍하다 김일병(우리들)은 건빵 도둑놈." 군대에서 일어나는 비리를 직설적으로 고발하는 저항가요다. 군대에서 부르는 이 노래의 가사는 약간씩 다르다. 〈야근〉에서는 구전가요가 주제가 되고 뒤에 이어지는 부분에서는 가사의 내용에 따라 주제의 선율이 변주된다.

〈야근〉 가사는 다음과 같이 섬뜩하고 잔인한 단어들을 거르지 않고 날것으로 쓰고 있다.

서방님의 손가락은 여섯 개래요
시퍼런 절단기에 뚝뚝 잘려서
한 개에 오만 원씩 이십만 원을
술 퍼먹고 돌아오니 빈털터리래

여공과 남공들, 회사 측의 대변자인 서무, 고참 미싱사 영자가 화자로 등장해 노래를 이어간다. 다수의 등장인물은 박자, 조성, 빠르기 등의 변화를 주기 때문에 쉽게 구별이 된다.* 예를 들어 피해자라고 볼 수 있는 여공과 남공들은 4분의 4박자에 다단조의 선율로 노래하고, 지배자에 속하는 회사 측 서무는 4분의 3박자에 다장조의 보통 빠르기로 노래한다. 물론 후반에는 서무도 4분의 4박자에 다단조 부분이 있지만 내용은 공원들을 윽박지르는 내용이다. 특히 "노동조합 만드는

---

* 이처럼 주제에 변화를 주는 것을 변주라고 한다.

날” 부분은 중중머리장단의 국악풍이며 노동요를 연상시킨다. 도돌이
표를 무시하고 세었을 때 108마디의 긴 노래다. 공연에서는 이 노래를
다 부르지만 민중가요로 사용할 때는 첫 부분(16마디)만 부른다.

구전가요 혹은 민중가요로 불리는 부분은 공장의 공원인 일하는
사람들의 억울한 내용이 열거되는 부분과 후렴구로 이루어져 있다. 이
부분만으로도 노래는 충분하다. 화음의 전개가 균형에 맞는 것은 아니
지만 전반부 8마디는 i-iv-i-V-i의 화성진행으로 종지도 형성되어 있
다.• 특히 신나게 부르는 후렴 부분, “야 야 야 야”는 앞에 제시된 어처
구니없는 슬픈 내용을 역설적인 방법으로 강조한다. 구전민요, 구전가
요 혹은 민중문화운동에서 볼 수 있는 슬픔, 억울함, 분노의 희화다.

열아홉, 〈이 세상 어딘가에〉
여성 노동자의 소박한 꿈
—

공안정국의 상황에서 요주의 인물인 김민기는 자유로운 활동을 할 수
없었다. 사실 그 시대에는 어느 누구도 자유로울 수 없었다. 그러나 누
군가의 작은 촛불은 어둠을 밝혀내는 데 도움이 되곤 한다. 김민기는

———
• 모든 노래를 마침에는 종지를 위한 화음진행이 필요하다. 최소한의 종지를 위
  해서는 V-I의 화음진행이 필요한데 이러한 진행은 노래에 끝나는 느낌을 제공
  한다. 소문자의 로마숫자는 단3화음으로 마이너 코드(예를 들어 Cm), 대문자
  의 로마숫자는 메이저 코드(예를 들어 G)임을 알려준다.

놀랍게도 가수 송창식의 도움을 받아 ≪공장의 불빛≫ 녹음 작업을 완성할 수 있었다. 녹음실을 빌려달라는 김민기의 요청을 받은 송창식은 개인 스튜디오를 빌려주었다. 창문을 담요로 가린 채 조원익, 배수연, 이호준 등 일류 세션 맨을 초빙해 반주를 녹음하고, 서울대 '메아리', 이화여대 '한소리', 경동교회 대학중창부 '빛소리' 등이 노래 녹음에 참여했다. 이를 원주 가톨릭센터 스튜디오에서 편집했고 '도시산업선교회'의 지원을 받아 2000개의 불법 카세트테이프를 복사해 전국에 배포했다.

≪공장의 불빛≫의 중요성은 문화운동에 미친 영향력에 있다. 첫째, 사회운동이 전개되어야 할 하나의 방향을 제시한 것이다. 이 노래굿이 하나의 모델이 되어 후에 많은 노래극이 나올 수 있었다. 가장 중요한 작품으로는 1982년에 광주에서 창작된 노래굿 ≪넋풀이≫를 들 수 있다. ≪넋풀이≫는 〈임을 위한 행진곡〉을 품고 있는 작품이다. 광주에서의 다른 시도는 1985년에 있었고, 이때 ≪광주여, 5월이여≫가 만들어졌다. 둘째, 비합법적인 방법이었지만 테이프로 제작되고 배포되어 전국에 순식간에 확산되었다는 것이다. 이 테이프를 받아본 광주의 청년대학생들은 여기에 실린 상당수의 노래들을 따라 불렀다. 1980년 12월에는 백제야학에서 졸업 기념으로 학생들이 이 작품을 공연하기도 했다. 또 광주 문화운동계에서는 ≪공장의 불빛≫이 그랬던 것처럼 1980년대에 많은 비합법 음반을 제작해 수많은 노래를 보급했다.

≪공장의 불빛≫에 실린 〈이 세상 어딘가에〉는 1980년대 중반에 등장하는 장조 서정가요의 전형을 보여준다. 가사는 노동자 소녀의 꿈이 실려 있어 가슴이 아리다.

이 세상 어딘가에

김민기 글, 곡

이 세 상 어 딘 가 에 있을 까 있을 까 분 홍
빛 고운 꿈 나 라 행 복 만 가 득 한 나 라 하 늘
빛 자 동 차 타 고 나 는 화 사 한 옷 입 고 잘
생 긴 머 슴 애 가 손 짓 하 는 꿈 의 나 라 이
세 상 아 무 데 도 없 어 요 정 말 없 어 요 살 며
시 두 눈 떠 봐 요 밤 하 늘 바 라 봐 요 어
두 운 넓 은 세 상 반 짝 이 는 작 은 별 이
밤 을 지 키 는 우 리 힘 겨 운 공 장 의 밤 고

운 꿈 깨—어나 면 아쉬 운 마음뿐 하지

만 이젠 깨어 요 온 세 상 이 파도와 같이 큰

물 결 몰아쳐온 다 너무도 가련한 우 리 손

에 손놓치지말 고 파도 와 맞서 보아 요 —

분홍빛 고운 꿈나라

행복만 가득한 나라

......

잘생긴 머슴애가 손짓하는 꿈의 나라

이처럼 꿈꾸는 나라를 한참이나 묘사하고는 이런 나라는 어디에
도 없다고 결론을 내린다. 이 모든 이야기를 장조로 진행한다. 매우 드
물게 나타나는 Dm(단3화음)와 Cdim(감3화음)를 빼고는 모두 밝은 장3
화음으로 진행된다. 모든 꿈을 체념해버렸을까? 그렇다면 슬프다. 그
런데 그렇지 않다. 마지막에는 "손에 손 놓치지 말고 파도와 맞서보아
요"라는 다짐으로 노래를 마친다. 현실은 '암울함' 그것이지만 선율은
내내 희망으로 가득 찬 '밝음'이고 그 무서운 파도와 같은 세상을 이기
려 손에 손을 잡고 맞서겠다는 것이다. 그래서인지 전남대의 대표적인
저항운동서클 탈춤반은 1982년에 〈이 세상 어딘가에〉를 반가로 정해
불렀다고 한다. *

———
*   전용호 인터뷰(2016.11.23).

2장

1980년 5·18의

공간에서 불렀던

노래

유신정권하에서 억압받던 국민들은 1979년 10·26사태가 일어나자 그
것이 상상할 수 없었던 큰 사건임에도 불구하고 오히려 '민주주의 실
현'에 대한 기대를 가졌다. 그러나 곧이어 일어난 12·12사태(신군부의
군사반란사건)로 그 꿈은 산산조각이 났다. 1980년에 들어서면서 전두환
을 정점으로 한 신군부의 권력에 대한 야욕을 확인한 시민과 학생들은
'전두환 퇴진'과 '민주화'를 요구하는 시위를 계속했고, 학생들은 더불
어 '학원자율화'를 외쳤다. 이때 학내에서는 이미 대학생들의 애창가요
가 된 〈아침이슬〉, 〈늙은 군인의 노래〉가 '노가바'된 〈투사의 노래〉,
〈홀라송〉, 그리고 〈선구자〉 등을 부르면서 집회에 에너지를 불어넣었
다. 1980년 5월 13일 서울지역 총학생회장단이 가두투쟁을 결정하고
연세대 등 6개 대학 학생들이 가두시위에 나서자 광주전남의 대학생들
도 적극적인 가두 진출을 시도하게 되었다. 14일과 15일 경찰의 저지
를 뚫고 전남도청 앞 분수대 주변으로 집결한 학생들은 '민주화성회'

의식을 거행했다. '비상계엄 해제', '노동 3권 보장', '정치 일정 단축' 등을 요구하는 학생들과 시민들의 개인 발언도 있었다. 특히 16일 저녁, 횃불대행진이 진행될 때에는 "계엄 철폐" 등의 구호를 외치면서 〈홀라송〉과 〈아침이슬〉, 〈투사의 노래〉를 부르며 행진했다.

1980년 5월 17일 24시를 기해 정부는 비상계엄을 전국으로 확대했고, 이에 항의하는 학생들의 시위를 투입된 공수대원들이 지나친 무력으로 진압하면서 광주의 5·18민중항쟁은 본격적으로 시작되었다. 학생들이 주도했던 집회·시위에 시민들이 합류하면서 항쟁의 현장에서 다른 노래들이 불리기 시작했다. 한국인이라면 알 수 있는 노래와 쉽게 배울 수 있는 노래만을 부르기 시작한 것이다. 그러한 노래로는 〈애국가〉, 〈봉선화〉, 〈우리의 소원(은 통일)〉과 세 곡의 군가 〈전우야 잘자라〉, 〈진짜 사나이〉, 〈예비군가〉, 그리고 〈홀라송〉이 있다. 물론 이 외에도 〈아침이슬〉과 〈전남도민의 노래〉 그리고 몇 곡의 다른 노래를 불렀다는 기록이 있다. 그러나 그 노래들은 매우 한정적으로 불렀던 것 같아 여기서는 다루지 않기로 한다.

스물, 〈애국가〉

논란의 바다에 떠 있는 국가대표 노래

———

촛불집회에 맞서 행해진 '태극기집회'의 아이러니처럼, 5·18 공간에서 〈애국가〉의 아이러니는 지독하다. 5월 18일, 광주에 계엄군이 들어오고 광주가 다른 지역으로부터 고립되자 시민들은 여러 투쟁의 현장에서 〈애국가〉를 부르기 시작했다. 그들에게는 광주를 지키는 것이 애국이었다. 그런데 5월 21일 정오 무렵, 계엄군은 도청에서 〈애국가〉가 울려나오자 금남로의 시위대를 향해 집중사격을 가했다.* 상상해보라, 〈애국가〉가 울려 퍼지는 가운데 자국 군대가 자국 국민을 학살하는 장면을. 황급히 골목길로 피신했던 시위 군중들이 다시 집결해, '계엄령을 해제하라, 전두환은 물러가라, 광주를 끝까지 지키자' 등의 구호를 외치며 태극기를 흔들고 〈애국가〉를 부르자, 공수부대원들이 조준 사격해 청년들은 또다시 쓰러진다.

    1980년 5월 광주에서 〈애국가〉는 어떤 의미였을까? 5월항쟁 당

———

*   이에 관해 두 가지 설이 있다. 하나는 애국가를 신호로 발포했다는 설이고, 또 하나는 '전남도청 내무국장이 상황을 진정시키려는 목적에서 틀었다'는 기록으로 보아 발포와 애국가 방송은 무관하다는 설이다. 실제로 5월 21일 도청 옥외 방송을 통해서 애국가가 연주되었고 이어서 시민 학생들에게 이성 회복 후 귀가토록 호소했다는 내용이 동구청의 일지에 기록되어 있다("광주시 동구청 행정관서 주요사태", 1781쪽). 아직 정확한 사실은 밝혀지지 않았다. 유경남은 "애국가 방송을 발포와 인과관계로 연관짓는 것은 옳지 못한 듯하다"고 기술한다. 최정기·유경남, 『5·18민중항쟁』(광주광역시·전라남도, 2016), 73쪽.

애국가

안익태 작곡

동 해 물 과 백 두 산 이 마 르 고 닳 도 록
남 산 위 에 저 소 나 무 철 갑 을 두 른 듯
가 을 하 늘 공 활 한 데 높 고 구 름 없 이
이 기 상 과 이 맘 으 로 충 성 을 다 하 여

하 느 님 이 보 우 — 하 사 우 리 나 라 만 세
바 람 서 리 불 변 — 함 은 우 리 기 상 일 세
밝 은 달 은 우 리 — 가 슴 일 편 단 심 일 세
괴 로 우 나 즐 거 — 우 나 나 라 사 랑 하 세

무 — 궁 화 삼 — 천 리 화 려 강 — 산

대 한 사 람 대 한 — 으 로 길 이 보 전 하 세

시 다섯 차례 열렸던 시민궐기대회의 사회자 김태종은 다음과 같이 말한다.•

> 노래는 부르는 상황과 부르는 이들의 마음이 중요한 것 같아요. 5·18 당시 시민들은 시민의 세금으로 운영되는 군대가 시민들에게 인간의 본능을 깨트리는 야수적인 만행을 저지르는 것을 보고 경악을 금치 못했습니다. 더구나 집단 발포까지 합니다. 그랬을 때 시민들은 '이럴 수가, 시민의 세금으로 운영되는 군대가 시민한테 총을 쏘다니! 이건 그들만의 나라인가? 아니야. 이곳은 우리가 지켜야 할 소중한 우리들의 나라야' 이런 생각을 하지 않았을까요? 너희들만의 나라가 아니라 '우리의 나라'라는 생각이 그 많은 '태극기와 〈애국가〉'를 불러낸 것 같습니다.

누구나 알고 있는 노래이나 어느 누구도 정확하게 말할 수 없는 노래인 〈애국가〉에 대한 글을 쓰는 것은 좀 무모한 도전이다. '〈애국가〉는 국가인가', '〈애국가〉는 우리나라를 대표하는 노래로서 충분한 자격이 있는가' 등의 의문에서 시작해 〈애국가〉의 작곡자 안익태의 친일 행각, 작사자에 대한 분분한 의견••이 아직 정리되어 있지 않기 때문이다. 작사자는 윤치호라는 설이 가장 유력하나 그렇다고 결론을 내리면 윤치호의 일본을 향한 변절로 애국가가 더럽혀진다. 흥사단에서

—————
• 　김태종 인터뷰(2017.1.23).
•• 　작사에 관한 의견이 매우 분분한 가운데 윤치호설과 안창호설이 가장 큰 지지를 받고 있다. 그 외에도 민영환, 최병헌, 김인식이 작사했다는 설도 있다. 특히 김인식은 〈애국가〉의 일부를 작곡했다는 주장도 있다.

는 홍사단의 창설자 안창호가 작사했다는 굳은 믿음 아래 항상 4절까지 제창한다고 한다. 그러나 다수를 이해시킬 만한 확고한 자료가 없다. 학계에서는 이러한 여러 가지 해결되지 않은 문제를 여전히 연구 중이다.

누구나 〈애국가〉를 제창할 때는 노래의 창작 배경과는 상관없이 나라를 사랑하는 마음을 상기시키고자, 나라를 향해 충성을 다하려는 결단을 위해, 혹은 그런 유사한 마음으로 부른다. 그러나 〈애국가〉의 창작 배경을 둘러싸고 논란이 일고 있다. 〈애국가〉와 관련해 지금까지 알려진 사실과 〈애국가〉가 논란이 되는 이유는 무엇인가?

지금으로서 가장 믿을 만한 정보는 안익태가 1935년 11월 미국 필라델피아에서 〈애국가〉를 작곡했다는 것이다.* 〈애국가〉가 삽입된 관현악곡 ≪한국환상곡≫은 그의 대표적인 작품이다. 안익태는 1938년 2월 20일 아일랜드에서 ≪한국환상곡≫을 직접 지휘해서 초연했다. 이때까지는 그의 정체성이 한국인이었던 것 같다. 그는 아일랜드 연주와 관련한 인터뷰에서 '조선의 독립'을 염원했고, 부다페스트 음악원의 학적부에는 출생지를 '평양, 조선'으로 기록했다고 한다. ≪한국

---

*   이경분, 『잃어버린 시간 1938~1944』(휴머니스트, 2007)에서 재인용. 김경래는 안익태가 〈애국가〉를 1936년 6월 초 베를린에서 작곡했다고 했으나 허영한은 미주의 ≪한인학생회보≫와 ≪신한민보≫ 자료를 근거로 〈애국가〉가 1935년 11월에 작곡됐으며 1936년 3월 전에 출판되었다고 ≪낭만음악≫ 제40호에서 밝히고 있다. 허영한, "미주 '한인학생회보'를 통해 본 안익태의 미국유학시절", ≪낭만음악≫, 제40호 가을, 1998, 18~20쪽; 백승구(白承俱), "일본식 이름 쓰면서도 '한국환상곡' 끈질기게 연주", ≪월간조선≫, 2015년 7월호, 432~445쪽.

환상곡≫은 후에 몇 차례 개정되었다. 특히 1950년 6·25를 지나고 1958년 미국 할리우드에서 다시 연주되었을 때는 '6·25전쟁' 부분을 삽입하는 등의 보완 과정을 거쳐 발표했다고 한다. 네 부분으로 이루어진 이 작품의 개요를 살펴보면 매우 애국적이다. 첫 번째 부분은 고조선의 개국과 조국 강산, 그리고 한민족의 생활과 심성을, 두 번째 부분은 일제강점기의 암울한 모습을, 세 번째 부분은 광복의 기쁨을 나타내며 합창으로 〈애국가〉를 부른다. 네 번째 부분은 6·25동란과 이를 극복한 금수강산과 애국심을 표현한다. 그런데 작품이 여기에 도달해 완성되기까지의 과정에서 그의 행적이 수상쩍다.

1938년 ≪한국환상곡≫을 발표하며 조국의 독립을 염원한 안익태가 1942년 9월 18일 만주국*의 기념행사를 위해 ≪만주국 축전곡≫을 작곡하고 지휘했다. 이때는 '일독회'라는 일본과 독일의 문화 교류 및 전쟁의 프로파간다를 위한 모임의 추천으로 참가했다. 그의 국적은 일본이었고 이름은 '에키타이 안'이었다.** 음악연구자 송병욱의 말에

----

* 만주국은 일제가 만주에 세운 괴뢰국가다. 일본은 1931년 만주사변을 일으켜 만주 일대를 침략한 후, 1932년 3월 1일에 만주국을 세우고 청나라 마지막 황제 부의를 집정에 앉힌 다음, 같은 해 9월 일만의정서(日滿議政書)를 체결하고 만주국을 정식으로 승인했다. 그러나 국제연맹이 이를 부인하자 1933년 국제연맹을 탈퇴했다. 만주국의 성립은 만주지방에서의 우리 독립운동에 커다란 타격을 주었다. 관동군의 배후 조종을 받은 일본 낭인들과 친일 중국인들이 각지에서 조선인 마을을 약탈·방화·살육했으며, 만주국군을 동원해 독립군을 공격했다. 그러나 1945년 소련군 참전으로 관동군이 섬멸되자 만주국도 일시에 무너졌다. 한국사사전편찬회, "만주국", 『한국근현대사사전』(가람기획, 2005).
** 2006년, 독일에서 음악 이론을 공부하던 송병욱에 의해 나치 독일하의 베를린

따르면 더 안타까운 것은 ≪만주국 축전곡≫에는 ≪한국환상곡≫에 나오는 선율 두 가지가 나타난다고 한다.•

〈애국가〉에 대한 또 하나의 논란은 표절이다. 1964년 서울국제음악제에 참석차 내한한 불가리아계 미국 지휘자 피터 니콜로프(Peter Nicoloff)가 우리나라 〈애국가〉가 불가리아 노래 〈도브루자의 땅이여〉의 선율을 표절했다는 내용의 기자회견을 한 것이다.•• 이러한 사실들에 근거해 국내에서는 한동안 〈애국가〉를 폐기하고 새로운 국가를 제정하자는 운동이 있었다. 일리 있는 주장이다. 작사자와 작곡자가 모두 친일 행적과 관련이 있는 노래를 국가로 쓸 이유가 없다. 게다가 현재 우리나라에는 훌륭한 작곡가와 시인들이 허다하다. 얼마든지 새로운 국가를 공모해 선택할 수 있는 것이다. 그러나 아직까지는 안익태가 작곡한 〈애국가〉가 우리나라를 대표하는 국가로 사용되고 있다.

어찌 되었든지 5·18항쟁 동안 학생과 시민들은 상당히 자주 〈애국가〉를 제창했다. 마치 민중가요를 부르는 것처럼 사용했다. 누군가가 선창하면 주변의 사람들이 함께 제창하면서 눈물을 흘리곤 했다고

에서 열린 '만주국 건국 10주년 기념 음악회'에서 안익태가 ≪만주국 축전곡≫을 지휘하는 동영상이 발굴되어 그의 친일 행동이 밝혀졌다.

• "애국자 안익태 발자취 좇다 친일 행적만 잇따라 확인", ≪주간동아≫, 2006년 4월 18일 자; 송병욱, "안익태의 민족 정체성: 어느 음악가의 정당한 평가를 위하여", ≪객석≫, 4월호(2006).

•• 전정임, 『안익태』(시공사, 1998), 126쪽; 백승구(白承俱), "작고 12년만의 안주, 안익태 선생 유해 8일 국립묘지 안장", ≪경향신문≫, 1977년 7월 7일 자. 그러나 일부 학자들은 안익태가 1936년 전까지는 유럽을 여행한 적이 없으므로 불가리아 민요를 의도적으로 표절하지 않았다고 주장하기도 한다.

한다.

반전은 1980년 항쟁 이후 '광주사태'라는 오명과 '폭도'라는 오명을 벗기 위해 시작된 5월운동 기간에는 〈애국가〉를 부르지 않았다는 데 있다. 1982년 〈임을 위한 행진곡〉이 발표되고 불리기 시작하면서는 〈애국가〉의 자리에 〈임을 위한 행진곡〉이 들어섰다. 이때 행해지던 의례는 '민중의례'라고 명명되었고 〈임을 위한 행진곡〉은 민중의례곡이 되었다. 시민을 향해서 총질을 하고, 내 가족과 내 이웃을 지키기 위해 할 수 없이 총을 든 시민을 폭도로 몰아버린 국가에 반감이 생긴 것이다. 물론 지금은 5·18 기념식에서 다시 〈애국가〉를 제창하고 있다. 반면에 2017년 4월 현재 〈임을 위한 행진곡〉의 제창은 국가가 금지시키고 있다. 과거에도 그랬지만 노래를 무서워하는 정권을 바라보면서 드는 결론은 '노래의 힘'이 참 대단하다는 것이다.

스물하나, 〈정의파〉, 〈정의가〉
〈홀라송〉의 다른 제목들[*]
───

1. 우리들은 정의파다 좋다좋다 / 같이 죽고 같이 산다 좋다 좋다 /
   무릎꿇고 사느니보다 서서 죽기 원한다 / 우리들은 정의파다
2. 전두환은 물러가라 좋다좋다 / 전두환은 물러가라 좋다좋다 /
   전두환은 물러가라 전두환은 물러가라 / 전두환은 물러가라

───
[*]　〈홀라송〉의 악보는 54쪽에 있으므로 여기서는 생략한다.

3. 민주주의 이룩하자 좋다좋다 / 민주주의 이룩하자 좋다좋다 /

　민주주의 이룩하자 민주주의 이룩하자 / 우리들은 민주 시민*

　1980년, 학내에서 집회와 시위가 진행되는 동안에도 많이 불렀지만 5월 16일 '횃불대행진' 동안에도 불렀으며 5월 18일 이후 가두투쟁에서는 더욱 자주 불렀던 노래가 〈홀라송〉이다. 공수대원들이 공격하면 흩어졌다가 어디선가 〈홀라송〉을 부르면 그곳으로 모여들어 시위 대열에 합류하는 것이다. 〈홀라송〉이 이렇게 사용될 수 있었던 것은 쉽게 배울 수 있는 노래일 뿐만 아니라 노래 자체가 구호의 역할을 할 수 있는 구조를 가지고 있기 때문이다. 〈홀라송〉에 관해서는 5·18에 관련한 증언·구술집에 많이 언급되어 있다. 다만 자료마다 노래 제목이 조금씩 다르게 기록되어 있는데, 예를 들어 1987년에 제작된 『죽음을 넘어 시대의 어둠을 넘어』에는 〈홀라송〉을 〈정의가〉로 표기한다.

　5월 18일 계엄이 선포되자 전남대 학생들은 '휴교령이 내리면 10시에 학교 정문 앞에서 모이자'는 학생회의 약속대로 정문 앞에 모여들었다. 물론 공수부대가 학교 정문 앞을 지키고 있었고 메가폰을 들고 귀가를 종용했다. 학생들은 자연스럽게 다리 부근 혹은 다리에 모여 앉아 농성을 시작했다. '계엄군 물러가라', '계엄을 해제하라', '전두환은 물러가라', '휴교령 철회하라' 등의 구호를 외치고 〈홀라송〉을 불렀다. 공수부대 책임자가 앞으로 나와서, '만약 즉시 해산하지 않으면 무력으로 해산시켜버리겠다'고 위협하자 학생들은 더욱 크게 노래를 불

---

* 　광주광역시 5·18사료편찬위원회 엮음, 「민주시민으로서 해야 할 일」, 『5·18광주민주화운동 자료총서』(2007), 38쪽.

렀다. 결국 공수대원들은 "돌격 앞으로"라는 명령과 함께 학생들 사이를 파고들어 곤봉으로 후려치기 시작했다.[*] 흩어졌던 학생들은 구호와 노래를 부르면서 다시 모여들었다. 노래는 '이곳으로 모이라'는 신호가 되었다.

　5월 18일에 계엄군의 만행을 지켜보거나 경험한 광주시민들은 5월 19일에 시위대에 동참했고 분위기는 충분히 공포스러웠다. 군과 경찰은 금남로에 모여드는 군중을 해산시키려고 최루탄을 쏘아댔고 시민들은 투석전을 벌였다. 최루탄을 피해 흩어진 시민들은 다시 모여들었고 〈애국가〉, 〈훌라송(정의가)〉, 〈우리의 소원(은 통일)〉 등의 노래를 불렀다.[**]

스물둘, 〈투사의 노래〉

학생과 시민을 가르는 노래[***]

———

1980년 5월 14일 학생들은 학외 진출을 감행했다. 60여 명의 교수들도 앞장섰다. 학생들은 구호와 함께 〈훌라송(정의가)〉, 〈투사의 노래〉

———

- 　황석영, 『죽음을 넘어 시대의 어둠을 넘어』 1(전남사회운동협의회, 1987), 17쪽.
- 　같은 책, 37쪽. 광주시 동구청 일지에도 "금남로 가두 시위(정의가 및 구호 제창)〔錦南路 街頭 示威(正義歌 및 口號 齊唱)〕"라는 기록이 남아 있다.
- 　〈투사의 노래〉의 악보는 〈늙은 군인의 노래〉의 악보(73쪽)와 같으므로 여기서는 생략한다.

를 끊임없이 부르면서 행진했다. 15일과 16일에도 학생들은 도청 광장에 모였다. 16일, 광주 시내 9개 대학의 3만여 명의 학생들은 오후 3시부터 도청 앞 광장에서 시국성토대회를 벌였다. 성토대회에서 학생들은 대학별 학생 대표들이 연합해 작성한 '제2시국선언문'을 낭독했다. 학생들은 오후 6시 30분부터 분수대를 돌며 시위에 들어갔다. 시위가 끝난 후, 학생들은 '계엄 철폐' 등의 구호를 외치고 〈홀라송(정의가)〉, 〈투사의 노래〉 등을 부르며 야간 횃불 시가행진을 벌였다. 아직은 학생들이 중심인 가두시위였다.

5월 18일을 지낸 시민들은 시위에 적극 가담하게 되었고 학생과 시민이 합류한 시위대에서는 차츰 대한민국 국민이라면 누구나 알 수 있는 노래를 부르기 시작했다. 〈봉선화〉, 〈애국가〉, 〈아리랑〉, 〈우리의 소원(은 통일)〉 등이다. 학내에서 그렇게 열심히 불렀던 〈투사의 노래(늙은 군인의 노래)〉는 시민들을 배려해 부르기를 멈춘 것이다. 그러나 학생들이 다수가 되는 시위대에서는 때때로 〈투사의 노래(늙은 군인의 노래)〉가 튀어나왔다. 가끔씩 들었던 노래는 시민들의 머리에 저장되었고 10일간의 항쟁이 끝나고 상무대 영창으로 끌려간 시민군은 영창에서 다시 이 노래를 부를 기회를 가졌다고 한다.

스물셋, 〈봉선화〉

그때도 서러워서 불렀던 노래

———

1980년 5월, 광주는 국가에 의해서 타 지역으로부터 차단되고 고립되

봉선화

김형준 작사
홍난파 작곡

울밑에선 - 봉선화야 - 네모양이 - 처량하
어언간에 - 여름가고 - 가을바람 - 솔솔불
북풍한설 - 찬바람에 - 네형체가 - 없어져

다 - 길고긴날 - 여름철에 - 아름답
어 - 아름다운 - 꽃송이를 - 모질게
도 - 평화로운 - 꿈을꾸는 - 너의혼

게 - 꽃필적에 - 어여쁘신 - 아가씨
도 - 침노하니 - 낙화로다 - 늙어졌
은 - 예있으니 - 화창스런 - 봄바람

들 - 너를반겨 - 놀았도다 -
다 - 네모양이 - 처량하다 -
에 - 환생키를 - 바라노라 -

어 있었고, 지켜줄 것이라 믿었던 국가 군대의 총구는 시민을 향해 있었다. 광주시민들이 모여 시위하는 장소에서 어울리지 않게 처량한 노래가 흘러나왔다. 가곡 〈봉선화〉였다. 어떤 심정에서 이 노래를 불렀을까? 국가로부터 소외된 광주시민은 일제강점기에 나라를 빼앗긴 서러운 그 심정과 같은 마음으로 〈봉선화〉를 불렀을 것이라는 게 당시 시위에 참여한 시민들의 일반적인 증언이다.

작곡가가 노래를 작곡하는 방법에는 두 가지 길이 있다. 첫째는 가사를 먼저 읽고 가사가 주는 정서에 맞는 선율을 작곡해나가는 방법이다. 둘째는 선율을 먼저 지어놓고 선율에 맞는 가사를 후에 붙이는 방법이다. 봉선화는 두 번째 방법으로 만들어진 가곡이다.

홍난파는 바이올리니스트이자 작곡가인데 문학에도 소질이 있었던 듯하다. 그는 『처녀혼』, 『큰 불』, 『폭풍우 지난 뒤』, 『비겁한 자』 등의 소설을 썼고 『여자의 일생』, 『레 미제라블』, 『최후의 악수』 등을 번역하기도 했다. 홍난파가 1920년 첫 단편집 『처녀혼』을 발간할 때 소설책의 서장에 〈애수〉라는 제목의 악보를 실었다. 그 선율에는 홍난파가 당시 느끼던 정서가 표현되어 있었다. 이 작품의 창작 배경에 관해서는, 부모가 정해주었던 첫 번째 부인이 일찍 죽자 평소에 관심을 많이 가져주지 못했음을 미안해하고 안타까워하며 그녀를 위해 썼을 거라고 전해진다. 어떤 계기로 썼든지 〈애수〉는 일제강점기 동안의 서글픈 상황에서 작곡된 음악이어서인지 매우 우울했다. 이 우울함의 정서는 단조의 선율과 8분의 9박자의 리듬으로 흘러나오고 있었다. 이 정서를 느끼며 여기에 가사를 붙인 이는 또 다른 음악가 김형준이었다. 지금도 그렇지만 악보를 보고 이 음악이 아름답다거나 슬프다는 것을 알아볼 사람이 얼마나 있었겠는가?

김형준은 경신중학교와 정신여학교 음악 교사를 지냈으며 코넷 연주자다. 우리나라 첫 여성 피아니스트 김원복의 아버지이기도 하다. 김형준은 홍난파의 이웃에 살았다. 김형준이 살던 집 울안에 봉선화가 가득했다는 기록이 있는데 봉선화의 모양이 그에게 우리 민족이 처한 처지처럼 처량하게 느껴졌던 모양이다. 그는 〈애수〉가 발표된 이후, 5년 뒤인 1925년경에 〈봉선화〉 가사를 붙였다고 한다.

〈봉선화〉가 일반인에게 알려진 것은 소프라노 김천애의 공연을 통해서였다. 김천애는 1930년대 후반에 일본 무사시노음악학교에서 성악을 공부했다. 특별히 노래를 잘했던 그녀는 1942년 봄, 도쿄 히비야공회당에서 있었던 신인 발표회에 선발되어 무대에 섰다. 독일 가곡을 부른 그녀를 향해 앙코르 박수가 나오자 네 번째 앙코르 곡으로 〈봉선화〉를 불렀으며 귀국 후에도 1942년 6월 경성후생실내악단 창단 공연에서 이 노래를 불렀다는 기록이 있다.[•] 이 외에도 김천애는 공연의 기회가 있을 때마다 이 노래를 불렀다고 한다.

이 노래의 힘은 3절에 있다. 3절 가사는 다음과 같다.

북풍한설 찬바람에 네 형체가 없어져도
평화로운 꿈을 꾸는 너의 혼이 예 있나니
화창스런 봄바람에 환생키를 바라노라

• 김양환, 『홍난파 평전: 일제 강점기의 삶과 예술』(남양, 2009); "슬픔에 젖어 상승하는 멜로디"(성기완의 노랫말 알라성), 《한겨레신문》, 2016년 8월 5일 자; "홍난파 '봉선화', 일제치하 민족의 아픔 달래"(한국가곡의 역사 1), 《동아일보》, 2015년 6월 3일 자.

1절과 2절은 일제강점기하에 있는 조국의 신세를 봉선화에 비유하면서 민족의 한탄스런 신세에 공감했고, 3절에서는 그럼에도 불구하고 다시 민족의 염원인 부활, 즉 해방된 나라에 대한 소망을 노래한다. 우리의 선인들이 좋아할 수밖에 없는 노래였을 것이다.

스물넷, 〈우리의 소원(은 통일)〉
정말 통일을 원해서 불렀을까
—

앞서 기술한 대로 학생들이 학내에서 집회와 시위를 진행할 때에는 〈투사의 노래〉나 〈아침이슬〉 같은 노래를 불렀다. 그러다 도청 앞 광장에서 시민들과 함께 궐기대회를 할 때에는 〈아리랑〉, 〈봉선화〉, 〈우리의 소원(은 통일)〉과 같은 노래를 불렀다. 시민들이 다 아는 노래이기 때문에 시민들과 함께 부르기 위함이었다. 그렇다면 왜 시위를 주도했던 학생들은 하고많은 노래 중에서도 위와 같은 노래들을 불렀을까? 당시 5·18항쟁의 공간에서는 역사적 소명 의식이나 5·18이 나아가야 할 방향을 토론할 여지가 없는 극한 상황이었다. 본래 사람들은 고립무원의 상황에서는 서로를 위로하기 위해 애잔한 노래를 부르곤 한다고 한다. 그런데 광주에서는 〈우리의 소원(은 통일)〉이 선택되었다. 이유는 무엇일까? 왜 광주는 통일을 노래했을까?

5월 19일은 '학생들의 시위'가 민중 혹은 시민의 봉기로 확대된 날이다. 18일에 목격한 공수부대원들의 상상을 뛰어넘는 구타와 연행, 비명 소리와 욕이 난무하는 그들의 만행은 광주를 공포로 몰아넣었다.

우리의 소원(은 통일)

안석주 작사
안병원 작곡

우 리 의 소 원 은 통 일 꿈 에 도 소 원 은 통 ― 일 이

정 성 다 해 서 통 일 통 일 을 이 루 자 ― 이

겨 레 살 리 는 통 일 이 나 라 살 리 는 통 ― 일 통

일 이 여 어 서 오 라 통 일 이 여 오 라 ―

분노한, 그리고 광주가 결국 어떻게 되어갈지 궁금한 시민과 학생들이 모여들기 시작했다. 오전 10시 40분부터 경찰은 군중을 해산시키기 위해 최루탄을 쏘기 시작했고 시민들은 도망갔다가 다시 몰려들기를 거듭하다 결국은 투석전으로 발전했다. 시위대에 섞여 있던 학생들과 청년들은 〈애국가〉, 〈정의가〉, 〈우리의 소원(은 통일)〉을 불렀다.•

　20일 3시쯤, 금남로에 군중 수만 명이 모여들었다. 이제는 할머니, 점원, 학생, 회사원, 가정주부, 요식업소의 종업원 등 모든 계층의 시민들이 다 모였다. 그들은 길바닥에 앉아 '차라리 우리 모두를 죽여라!'라고 절규하면서 태극기를 흔들기도 했다. 학생들은 '우리는 왜 싸우는가'를 군중들에게 얘기했고 〈정의가〉, 〈우리의 소원(은 통일)〉, 〈투사의 노래〉, 〈아리랑〉 등을 반복적으로 불렀다. 〈투사의 노래〉는 처음에는 잘 따라 부르지 못했으나 나중에는 점차 익숙해졌다. 5시 50분경, 충장로 입구 쪽의 시위 군중도 계엄군과 충돌한 후 대도호텔과 광주은행 남문지점 앞에서 연좌해 '살인마 전두환은 물러가라', '군은 삼팔선으로 복귀하라'는 등의 구호를 외치며 〈애국가〉, 〈진짜 사나이〉, 〈우리의 소원(은 통일)〉 등의 노래를 부르고 태극기를 흔들어댔다.

　5월 21일 오후 2시에서 3시 사이쯤에, 중앙로 지하상가 공사 현장 부근에 모여 앉아 농성을 하면서도 〈애국가〉와 〈우리의 소원(은 통일)〉을 노래하고 구호를 외쳤다.

　5월 23일 금요일은 항쟁 6일째다. 이미 많은 시민이 죽었고 그들을 도청 앞 광장 맞은편 상무관에 정렬해놓고 있었다. 자식을, 혹은 형제, 자매를 잃은 사람들은 사망자 명단을 확인하고 시체를 들여다보며

•　황석영, 『죽음을 넘어 시대의 어둠을 넘어』 1, 38쪽.

가족을 찾고 있었다. 그 속에서 가족을 찾은 이들 중에는 통곡하다 지쳐 탈진하고 기절하는 사람도 있었다. 이날은 제1차 민주수호 범시민 궐기대회가 열렸다. 군중 모두가 '민주주의 만세!'를 삼창하고 끝냈지만 시민들은 그대로 남아 있었다. 특히 고등학생 10여 명이 숨진 학우들의 시체가 담긴 관 위에 대형 태극기를 덮고 운구하면서 〈우리의 소원(은 통일)〉을 부르자 주위에 둘러선 시민들도 함께 노래를 따라 부르며 울었다.* 친구가 죽은 것도, 우리가 목숨을 걸고 싸운 것도 다 통일을 위해서인가? 얼핏 맥락에 맞지 않아 보인다. 그런데 왜 눈물이 나고 감동을 주는가? 그것은 이 노래를 부르면 〈애국가〉를 부를 때와 같은 비통함과 절심함이 느껴졌기 때문이었을 것이다. 특히 '이 나라 살리는', '이 겨레 살리는'이라는 대목에서는 그 절실함이 극에 달한다. 당시는 굳이 말하지 않아도 '통일'이 우리 민족의 첫 번째 과제였다. 사람들은 통일이 애국이고 애국하는 길이 곧 남북통일이라고 막연하게 생각하고 있었다.

5월 26일 계엄군은 아침부터 계속해서 세 차례나 정시채 부지사를 통해 최후통첩을 보내왔다. "오후 6시까지 무기를 반납하라. 이것이 최후통첩이다"라고 무력 진압을 강력히 시사했다. 궐기대회에서 항쟁 지도부는 "오늘 밤에 계엄군이 공격해올 가능성이 매우 크다"고 공식 발표했다. 광장에는 비장한 침묵이 깔렸다. 고립된 광주는 외로운 싸움 끝에 허물어져 가고 있었다. 날이 어두워지기 시작할 무렵 광장의 모퉁이에서 어느 여학생의 청아한 목소리로 부르는 〈우리의 소원(은 통일)〉이 들렸다. 노래는 군중 사이로 차츰차츰 퍼져나갔고 광장 전

•　　같은 책, 140쪽.

체는 노래로 가득 찼다.*

원래 이 노래는 해방 후인 1947년, 서울중앙방송국(KBS의 전신)에서 3·1절을 기념해 어린이 프로그램에 방송할 특집 노래극의 기획에서 탄생했다. 해방 후 가난했던 방송국의 프로그램 담당자 배준호는 친구 안병원(1926~2015)을 찾아가 프로그램 구상을 밝히고 어떻게 실현시켜야 할 것인가를 의논했다. 안병원은 당시 서울대학교 음악대학에서 성악을 공부하던 학생이었다. 안병원은 자신의 아버지 안석주(1901~1950)에게 '무료로 대본을 써주십사' 간청했고, 그 결과로 ≪독립의 날≫이라는 25분짜리 노래극 대본이 나왔다. 안석주는 일제강점기에 삽화가, 영화감독, 서양화가, 미술평론가, 소설가로 활동하던 이로 미술과 문학 등 여러 방면에서 뛰어난 사람이었다. 노래극 대본에 안병원은 5곡의 노래를 작곡했고, 그 가운데 주제곡이 〈우리의 소원은 독립〉이었다.** 이 노래극은 1947년 2월 28일 종로 YMCA에서 열린 '삼일운동 기념 아동음악회'에서 안병원이 해방 후 조직한 '봉선화동요회' 어린이 합창단에 의해 불렸고 다음 날인 3월 1일 전국에 방송되었다. 1948년 대한민국 정부가 수립되고 남북의 분단이 기정사실화되자 〈우리의 소원은 독립〉의 가사는 변경되었다. '독립'의 자리에 '통일'이 들어갔고, 후에는 제목이 〈우리의 소원〉으로 변경되어 1950년, 초등학교 교과서에 실리게 되었다.

본래 남한에서만 부르던 이 노래가 1989년 임수경이 북한을 방문해서 부른 후,*** 북한에도 널리 퍼져 남북한 모두가 좋아하는 노래가

---

*   같은 책, 176쪽.
**   한용희, 『한국동요음악사』(세광음악출판사, 1987).

되었다고 한다. 북한에서는 〈우리의 소원은 통일〉로 알려져 있다. 그러나 최근 김정은이 집권하면서 그의 지시로 〈우리의 소원은 통일〉이 금지곡이 되었다고 한다. '더 이상 우리의 소원은 통일이 아니고 군사 강국이 되는 것'이기 때문이라는 것이다. 통일이 점점 멀어져 간다.

스물다섯, 〈아리랑〉

〈아리랑〉은 민중가요일까?

———

5월 20일은 항쟁 3일째가 되는 날이었다. 시민들은 시내 중심가로 나가면 생명이 위험하다는 것을 이미 18일과 19일에 목격했다. 로타리, 네거리, 다리 등 교통의 요지에는 공수부대원들이 삼엄한 경비와 검문을 실시하고 있었다. 하지만 시민들은 광주의 시내 중심가로 서서히 모여들고 있었다. 자식을 찾으러 가기도 하고, 이미 죽은 아들을 살려내라고 울부짖으며 시내로 나가기도 하고, 어제 본 구타와 살상의 장면을 모른 척할 수 없어 '광주 지키기'에 동참하기 위해서 발을 옮기기도 했다. 가정주부, 고등학생, 상인, 청장년, 그리고 노인들까지 모여들었다. 오전 10시쯤에는 서방 삼거리에서 시민과 공수부대 사이에 충돌이

••• "임수경 판문점 귀환의 순간: 정기열 목사 증언·비디오 기록 재구성", ≪한겨레신문≫, 1989년 9월 6일 자; "백두산 비안개 속 대행진 출정식", ≪한겨레신문≫, 1989년 8월 20일 자; "북(北), '우리의 소원은 통일' 금지곡으로 지정", ≪연합뉴스≫, 2016년 8월 5일 자.

아리랑

아 리랑— 아 리랑— 아 라 리— 요 — — —

아 리랑— 고 — 개 — 를 — 넘 어간 다

산 — 천 초 목 은 젊 어 — 가 — 고
없 는 자 누 구 냐 탄 식 — 마 — 라
감 발 을 하 고 서 주 먹 을 쥐 — 고
밭 잃 고 집 잃 은 동 무 — 들 — 아

인 간 의 — 청 — 춘 — 은 — 늙 어 간 다
부 귀 와 — 빈 — 천 — 은 — 돌 고 돈 다
용 — 감 하 게 도 — 넘 어 간 다
어 데 로 — 가 야 — 만 — 살 까 보 냐

있었다. 오후 3시, 금남로의 시위 군중은 수만 명으로 불어났다. 경찰은 군중을 향해 최루탄을 터뜨리기 시작했다. 군중은 흩어졌다 다시 모이기를 거듭하다가 금남로와 중앙로의 교차로와 지하상가 공사장 부근에 주저앉아 농성을 시작했다. 학생 몇 명이 농성을 이끌었다. 학생들은 성명서를 발표하고 유인물에 적혀 있는 글들을 낭독하기도 했다. 사이사이에 노래를 반복적으로 부르니 시민들은 몰랐던 노래까지도 따라할 수 있었다. 〈아리랑〉을 부를 때는 거의 모두 울음바다가 되었다.•

항쟁 당시 광주를 취재했던 동아일보 김충근 기자는 〈아리랑〉을 부르는 장면을 다음과 같이 기술했다.

우리의 대표적 민요 〈아리랑〉이 갖는 그토록 피 끓는 전율을 광주에서 처음 느꼈다. 단전·단수로 광주 전역이 암흑천지로 변하고 방송국, 파출소 등이 불타 시내 곳곳에서 검은 연기가 치솟는 가운데 광주 외곽으로부터 도청 앞 광장으로 손에 태극기를 흔들며 모여드는 군중들이 부르는 아리랑 가락을 깜깜한 도청 옥상에서 혼자 들으며 바라보는 순간, 나는 내 피 속에 무엇인가 격렬히 움직이는 전율을 느끼며 얼마나 하염없이 눈물을 흘렸는지 모른다.••

이 장면이 아니더라도 5·18민중항쟁의 여러 시공간에서 〈아리랑〉이 불렸다. 그리고 이 노래는 사람들로 하여금 눈물을 자아냈다.

• 황석영, 『죽음을 넘어 시대의 어둠을 넘어』 1, 82쪽.
•• 한국기자협회 외 엮음, 『5·18특파원 리포트』(풀빛, 1997), 215~216쪽.

왜 〈아리랑〉은 눈물을 부를까? 민요로 분류되는 〈아리랑〉은 민중가요인가?

　〈아리랑〉의 배경을 살펴보면 의문이 풀린다. 먼저 민중가요의 정의를 되새겨보자. 『표준국어대사전』에는 민중가요가 '민중이 한마음, 한뜻으로 즐겨 부를 수 있도록 작사·작곡된 노래'로 정의되어 있다.• 『한국민족문화대백과사전』에서는 민중가요를 "한국 현대의 서민적 노래문화의 하나로, 민주화운동 과정에서 대중가요 등 주류 노래문화에 대한 비판의식을 지닌 대중들이 기존 대중가요 시장 바깥에서 구전 등의 독자적 유통구조를 통해 향유하는 노래"로 정의하고 있다.•• 광주시민은 앞서 소개한 〈훌라송〉, 〈우리의 소원(은 통일)〉, 〈투사의 노래〉 등을 통해서 투쟁의 의지를 불태우거나 애국심을 노래했다. 그러나 "나를 버리고 가시는 님은 십 리도 못 가서 발병 난다"는 〈아리랑〉을 부르는 것은 국가(님, 주체)가 지금 우리(대상)를 철저히 소외시키고 버리고 있음을 서러워하며 우는 것이다. 매우 소극적인 저항이다. 그러나 국가가 우리를 버린 것을 노래를 통해 비판하고 있다. 그러므로 〈아리랑〉은 민중가요라고 할 수 있다.

　1980년대에 발간된 여러 민중가요집에도 〈아리랑〉이 실려 있다.••• 이 외에도 〈진주난봉가〉, 〈개고리타령〉, 〈타박네야〉, 〈광복군

•　국립국어원, "민중가요", 『표준국어대사전』(stdweb2.korean.go.kr).

••　한국학중앙연구원, "민중가요", 『한국민족문화대백과사전』(http://100.daum.net/encyclopedia/view/14XXE0066428).

•••　고려대학교 노래얼, 『노래얼』 3집(1984); 아침노래기획 역음, 『민중가요 대백과』(아침, 1993); 광주민중문화연구회, 『동트는 산하』(1985); 서울대학교 메아

아리랑〉, 〈둥당에타령〉, 〈각설이타령〉, 〈개나리타령〉과 같은 민요들도 민중가요집에 수록되어 있다. 앞서 언급한 것처럼, 의도를 가진 민중가요를 생산하기 전에 기존의 노래들에서 민중이 선택할 수밖에 없었을 때, 이러한 민요들도 기존의 의미를 되새기거나 새로운 의미 부여, 은유적 사용, '노가바'를 통해 민중가요가 되었다.

사실 〈아리랑〉은 1925년경 지어진 〈봉선화〉와 거의 같은 시기에 발표된 근대 신민요다. 1926년 단성사에서 처음 상영된 나운규의 영화 《아리랑》의 OST로 발표되었다. 《아리랑》은 일제강점기에는 상연될 수 없었던 '항일 민족정신'을 주제로 만들어진 비극으로 매우 혁명적인 영화였다. 그런데 어떻게 상영 허가를 받았는지는 모르지만 2년이 넘게 상연되는 동안 국민들에게 일본을 향한 저항정신을 고취시켰으니 주제가인 〈아리랑〉은 처음부터 저항의 노래였던 셈이다. 〈아리랑〉은 매우 열린 형식의 노래다. 우리나라 민요 중 '메기고 받는 형식'의 모든 노래가 그러하듯이 메기는 부분에서 언제든지 상황에 맞는 가사를 붙일 수 있는 형식인 것이다.

〈봉선화〉와 〈아리랑〉은 비슷한 시기에 발표되었으나 매우 다른 노래인데 〈봉선화〉는 가곡으로서, 〈아리랑〉은 민요로서 민중가요로 선택되었다. 두 곡은 정서는 비슷하나 뭔가 다르다. 앞서 말했듯 〈아리랑〉에서는 우리가 버려지는 대상인데, 〈봉선화〉에서는 우리가 나라를 지키지 못해 주권을 빼앗긴 주체로서 서글퍼 한탄하는 것이다. 〈아리랑〉을 부르는 심정은 그래서 훨씬 더 서글프다. 우리가 일반적으로

리, 『메아리』 5집(1981), 6집(1983), 7집(1986), 8집(1987); 민중문화운동연합, 『임을 위한 행진곡』(학민사, 1987).

알고 있는 가사와는 조금 다른 OST 〈아리랑〉의 가사를 악보에서 확인해보자.

스물여섯, 〈진짜 사나이〉, 〈전우야 잘자라〉, 〈예비군가〉
군인들과 싸우며 불렀던 군가들

———

한국의 남성은 병역 의무가 있다. 가장 총명하고 건강할 시기에 우리나라의 성인 남성들은 입대해야 하고 군인으로서 훈련을 받고 복무하다 무사히 제대를 하면 집으로 돌아온다. 남성들이 겪어야 하는 군 생활의 어려움은 공히 인생에서 가장 기막힌 경험의 시간이 아닐까 상상해본다. 그 병역 기간 내내 부르는 노래가 군가이니 일생 동안 잊을 수가 없을 것이다. 게다가 잠깐씩의 중단 기간이 있었으나 1948년부터 실시되었다가 1993년에야 폐지된 남학생들의 교련 시간에도 군가를 배우고 불렀으니 신체 건강한 대한민국의 남성들은 군가를 모를 리가 없다. 시민과 학생들을 무자비하게 구타하고 연행하고 심지어 살육을 서슴지 않았던 계엄군과의 대치 상황에서 시민군은 이렇게 해서 알게 된 군가를 불렀다. 〈진짜 사나이〉, 〈전우야 잘자라〉, 〈예비군가〉 등이었다.

5·18 공간에서 불렀던 군가는 아이러니했다. 군가는 병사들의 사기를 돋우기 위한 노래다. 그런데 시민군이 국가가 파견한 계엄군으로부터 시민을 지키기 위해 버스나 트럭을 타고 이동할 때에 목이 터져라 군가를 부르곤 했다. 죽음에 대한 공포를 몰아내기 위해서 불렀을

진짜 사나이

유 호 작사
이흥렬 작곡

사 나 이 로 　태 어 나 서 　할 일 도 많 다 만
입 으 로 만 　큰 소 리 쳐 　사 나 이 라 더 냐
겉 으 로 만 　잘 난 체 해 　사 나 이 라 더 냐

너 와 — 나 　나 라 지 키 는 　영 광 에 살 았 다
너 와 — 나 　겨 레 지 키 는 　결 심 에 살 았 다
너 와 — 나 　진 짜 사 나 이 　명 예 에 살 았 다

전 투 와 　전 투 속 에 　맺 어 진 전 우 야
훈 련 과 　훈 련 속 에 　맺 어 진 전 우 야
멋 있 는 　군 복 입 고 　휴 가 간 전 우 야

산 봉 우 리 에 　해 — 뜨 고 　해 가 질 적 에
국 군 용 사 의 　자 — 랑 을 　가 슴 에 안 고
새 로 운 나 라 　세 — 우 는 　형 제 들 에 게

부 모 형 제 　우 리 믿 고 　단 잠 을 이 룬 다
내 고 향 에 　돌 아 갈 땐 　농 군 의 용 사 다
새 로 워 진 　우 리 생 활 　알 리 고 오 리 라

것이며 서로 사기를 돋워줄 필요를 느껴 불렀을 것이다. 이때 시민군은 나라를 지키기 위해서가 아니라, 나라를 지키겠다는 군인들에 맞서 내 고장, 내 이웃, 내 가족을 지키기 위해서 군가를 불렀다. 〈진짜 사나이〉의 가사에 "부모형제 나를 믿고 단잠을 이룬다"라는 대목이 있다. 그러나 광주는 그때 계엄군 때문에 한숨도 제대로 잘 수가 없었다. 아들과 딸이 계엄군과 대치해 싸우고 있음을 아는 부모가 어떻게 잠을 잘 수 있었겠는가? 계엄군도 이 노래를 부르며 시민들을 향해 총을 겨누고 있었을 것이다. 〈진짜 사나이〉는 〈내 고향〉, 〈봄이 오면〉, 〈바위고개〉, 〈코스모스를 노래함〉 등의 가곡을 작곡한 이흥렬이 작곡하고 1950년 6·25전쟁 동안 방송작가와 신문기자로 활동하던 유호가 작사한 곡이다. *

유호가 작사한 다른 군가 〈전우야 잘자라〉는 시민군이 처음에는 원곡 가사로 부르다 5월 25일 '투사회보'에 개사된 가사가 실린 이후로는 개사곡으로 불렀다. 121쪽 자료는 '투사회보'를 내던 팀에서 다음날인 26일에 발간한 급보다. 1980년 5월 18일에 계엄이 선포되자 학생들은 광주에서 일어나는 일이 무엇인지 시민들에게 알릴 필요성을 느꼈고 유인물을 제작해 뿌리기 시작했다. 시간이 흐르면서 항쟁을 주도하던 지도자들이 모여 일을 분담하고 질서를 잡아가기 시작했다. 5월 21일부터는 여러 단체에서 나오던 유인물들을 일원화시켜 좀 더 정확한 전투 현황, 시국궐기대회, 사망자, 부상자 등의 정보를 위해 '투사회보'를 대표 유인물로 정하고 '들불야학' 팀과 여러 문화단체에서 나온 이들, 고등학생 등으로 '투사회보' 팀을 구성해 언론의 역할을 맡겼다.

---

* 발표 시점은 1957년이라는 설과 1962년이라는 설, 두 가지가 있다.

전우야 잘자라

유 호 작사
박시춘 작곡

전우의시체를 넘고넘어 앞으로앞으 — 로
우거진수풀을 헤치면서 앞으로앞으 — 로
고개를넘어서 물을건너 앞으로앞으 — 로
터지는포탄을 무릅쓰고 앞으로앞으 — 로

낙 동 — 강아 흐르거라 우 리는전 진 한 다
추 풍 — 령아 잘 있거라 우 리는돌 진 한 다
한 강 — 수야 잘 있더냐 우 리는돌 아 왔 다
우 리 — 들이 가 는곳에 삼 팔선무 너 진 다

원 한 — 이야 피에맺힌 적 군을무찌르 — 고 서
달 빛 — 어린 고개에서 마 지막나누어 — 먹 던
들 국 — 화도 송이송이 피 어나반 — 기어 주 는
흙 이 — 묻은 철갑모를 손 으로어 — 루만 지 니

꽃 잎 — 처럼 떨어져간 전 우야잘 자 라
화 랑 — 담배 연기속에 사 라진전우 야
노 들 — 강변 언덕위에 잠 들은전우 야
떠 오 — 른다 네얼굴이 꽃 같이별같 이

"급보" ┌─────────────────────┐
　　　　│ 다 같이 단결 합시다 !! │
　　　　└─────────────────────┘

광주시민 여러분! 현 시국은 단결의 힘만이 필요한 때 입니다.
오분(26日) 오전 6:30분 계엄군은 탱크를 몰고 똥꼬개 까지 진군
하였습니다. 그러나 우리 시민측 대책본부와 온 광주시민의 결사
적 단결된 힘에 의해 후퇴했었습니다. 지금 이시간에도 정부는
라디오. T.V 방송 언론을 이용. 평화적 수단 및 색이 섞인 "기만"
만이 전부요. 우리국민을 살인하고, 강제 강금하고 있다는 것을
정부와 계엄군은 아직도 깨우치지 못하고 있습니다. 그 예로는 외
세에서 지적한 그대로 입니다. 약삭빠른 늙은 여우나 하는 수법을
그대로 쓰고 있습니다. 우리 광주시민은 이 이상 ♥으로 보고만
있을 수 없습니다. 우리 시민군은 이미 결사적인 태세를 갖
추고 있으며, 모든 광주시민도 이에 동참했으리라 믿습니다.
이제 계엄군은 한발자욱도 중심부로 들어 오지 못합니다. 왜냐하면
우리는 이미 결사적인 힘을 가지고 있기 때문입니다.
우리 광주시민. 전남도민의 승리는 머지 않았습니다.

┌──┐
│ 광주시민 여러분! 다같이 단결하여. 내고장 내가 │
│ 지킵시다 !!! │
└──┘

[노래] ("전우의 시체를 넘고 넘어" 곡에 맞춰)
　　　　　　　투 사 의 노 래
1. 이 땅에 민주를 수호코자 일어선 시민들
　　시민들은 단결하여 다같이 투쟁하자
　　피에 맺힌 민주사회 언제-오-려-나-
　　강철 같이 단결하여 끝까지 투쟁하자.
2. 부-모 형제를 지키고자 일어선 시민들
　　학생들과 시민들은 다 같이 투쟁한다.
　　피에 맺힌 전투환놈 언제-죽-이-나-

'급보 다같이 단결합시다!!'(5·18 민주화운동기록관 자료 제공).

김태종(전남대 국문학과 4학년)은 극회 '광대'의 회원으로 궐기대회의
사회를 맡아 보던 이다. 그는 궐기대회의 사회를 보면서 현시점에서는
시민들의 단결이 필수라고 생각했고, 단결을 위한 노래의 힘도 잘 알고
있었다. 그는 군가 〈전우야 잘자라〉의 가사와 제목을 바꾸어 5월 25일
의 '투사회보'와 26일에 만들어진 '급보'에 실었다. 제목도 〈투사의 노
래〉로 바꾸었다. 시민군은 금방 노래의 가사를 익혔고, 버스나 트럭을
타고 돌아다닐 때 불렀다고 한다. 국가의 대표적인 군가를 '노가바'한
노래를 부르면서 국가의 군인들과 맞서는 상황이 참 슬프다. 다음은
'노가바'된 가사이다.

　　1. 이 땅에 민주를 수호코자 일어선 시민들
　　　　시민들은 단결하여 다 같이 투쟁하자
　　　　피에 맺힌 민주사회 언제 오려나
　　　　강철같이 단결하여 끝까지 투쟁하자
　　2. 부모 형제를 지키고자 일어선 시민들
　　　　학생들과 시민들은 다 같이 투쟁한다
　　　　피에 맺힌 전두환놈 언제 죽이나
　　　　강철같이 단결하여 끝까지 투쟁하자

　　이 곡은 작사가 유호와 작곡가 박시춘이 9월에 서울이 수복되자
북진통일 될 것이라고 예상하며 의기투합해 만든 군가였다.
　　병역을 마친 군인은 예비군 신분이 된다. 예비군은 1968년 1월 21
일 무장공비 남파 사건 및 1월 23일 푸에블로호 납북 사건 등으로 북한
의 도발 위험이 높아지자 유사시를 대비해 같은 해 4월 1일에 창설한

예비군가

전　우 작사
이희목 작곡

어제 의용사들이 다 시뭉쳤다 직장마다 피가끓어 드 높은 사기
반공 의투사들이 굳 게뭉쳤다 마을마다힘찬고동 메 아 리 소리
역전 의전우들이 다 시뭉쳤다 나 라위한일편단심 뜨 거운 핏줄

총 을들 고건 설하 며 보 람 에산 다 우리 는대한의 향토 예비군
서 로돕 는일 터에 서 나 라 지킨 다 우리 는막강의 향토 예비군
철 통같 은제 2전 선 힘 이 넘친 다 우리 는무적의 향토 예비군

나 오 라 붉은 무 리 침 략 자 들 아

예 비 군 가 는길 엔 승 리 뿐 이 다

비정규군을 말한다. 군 복무를 마치고도 규칙적인 훈련을 받아야 하는 대한민국의 남자는 참 고단하다. 어찌되었든 군필의 남자들이 훈련을 받으러 가서 부르는 노래가 〈예비군가〉다. 전우가 작사하고 이희목*이 작곡했다.

---

* 이희목은 1962년 KBS 창립 당시 음악계장, 기독교 중앙방송국 음악부장, KBS TV합창단장을 역임했다.

3장

1980년 이후

5월운동의 과정에서 불렀던

민중가요

1980년 5·18민중항쟁은 5월 27일 계엄군의 도청 함락으로 끝을 맺었으나 5월운동은 그 시점에서 시작되었다. 물론 광주전남을 제외한 지역의 국민들은 언론의 차단으로 오랫동안 5·18의 진상을 알 수 없었으나 차차 알려진 5·18의 진상은 국민들에게 큰 충격이었다. 1980년대 초반부터 대학가에서는 '5·18 이해하기'가 진행되었다. 유인물을 통해서, 집회와 시위를 통해서, 또는 학교동아리에서 여러 가지 자료, 사진이나 5·18을 담은 비디오를 통해서 정권이 저지른 참혹한 현장이 서서히 알려졌으며 학생들은 정권의 부당성을 깨달았고 정권을 향한 저항의 필연성을 느꼈다.

한편 5·18민중항쟁이 '5·18사태'라는 사건으로 명명되고 항쟁에 참여한 사람들을 폭도로 몰아버리는 상황에서, 광주전남에서는 항쟁을 겪었던 시민들, 희생자와 그 가족들이 삼엄한 공안정국 아래에서도 진상 규명을 통해 오명을 벗고자 몸부림쳤다. 정권의 방해에도 강행되었던 제1주기 추모제로부터 계속된 추모제와 미사, 위령제 등은 의례의 형태를 띤 운동의 현장이었다. 두려움 속에서도 대학가에서는 기습적인 시위와 유인물 살포가 일어났다. 학생들의 집회와 시위는 체포와 구속으로 이어졌고 용감하게 맨몸으로 나섰던 학생들은 학교에서 제적당하기 일쑤였다.

거대한 국가권력에 대항하는 일은 쉽지 않다. 저항의 힘을 모으기 위해서는 무기가 필요했다. 문화예술은 저항운동의 좋은 무기다. 심각한 정권의 탄압으로 전면에 나설 수 없었던 예술가들은 골방에서 조용히 글을 쓰고 그림을 그리고 노래를 만들었다. 문학을 통해 5·18민중항쟁을 알리고, 그림을 통해 현장을 재현하고, '노래'를 만들어 힘을 모았다. 그렇게 5월을 담은 시, 소설, 그림, 노래는 조용히, 그러나 멀리 퍼져나갔다. 특히 노래는 흩어져 힘을 잃은 집단, 가족을 잃은 억울한 희생자들, 폭도로 몰려버린 광주전남 사람들의 정서를 고양시키고 묶어주었다. 노동은은 5·18을 '역사적인 음악사건'이라고 갈파했다.* 그렇다. 5·18은 음악인들로 하여금 민족적인 음악을 추구하도록 만들었고 자연발생적 혹은 선택적 민중가요가 아닌 의도적 민중가요를 생산하게 만든 '역사적인 음악사건'이었다.** 5·18의 일시적 패배는 5월운동과 음악운동이 본격적으로 시작되게 만들었다. 5월운동의 시작점에서 불렀던 노래들은 5·18 이전부터 불러왔던 노래들에서 시작되었다.

• 　노동은, 「5·18과 음악운동」, 나간채 외, 『기억 투쟁과 문화운동의 전개』(역사비평사, 2004), 352쪽.

•• 　물론 '민중가요'라는 용어를 바로 사용한 것은 아니었다. 그러나 민중가요라는 장르의 노래가 요구하는 노래들이 이때부터 의도적으로 창작되기 시작했다.

스물일곱, 〈늙은 군인의 노래〉

영창에서 부르는 〈투사의 노래〉*

───

1980년 5월 27일 계엄군이 광주를 장악하고 마지막까지 항전했던 시민군은 모두 상무대의 전투교육사령부(전교사) 헌병대로 끌려갔다. 당일에 590명이 붙잡혔고, 그 후 5월 말까지 100여 명이 더 체포되었다. 5월 31일에는 항쟁 기간 중 연행된 숫자까지 모두 1039명이 조사를 받고 있었다. 5월 17일부터 7월 말까지 5·18과 관련해 체포된 수는 모두 2699명이었다. 영창은 반원형의 커다란 공간에 부채모양으로 6개 방을 배치한 형태였다. 20여 명쯤 들어갈 수 있는 한 방에 약 150명 정도를 수용했다.** 수용했다기보다는 밀어 넣었다. 항쟁 당시 청년학생투쟁본부가 있던 YWCA에서 시민군으로 참여해 '투사회보' 제작 등의 활동을 하다 체포된 대동고등학교 3학년 학생 김향득***도 상무대로 끌려가 '5월 17일부터 26일까지의 행적을 밝히라'며 혹독한 구타와 고문을 당했다. 특히 대동고등학교에서 만들었던 '독서회' 문제가 불거져 불온서적 배포와 학내 데모 선동을 이유로 더 많은 매질을 당해야 했다.

───

* 〈늙은 군인의 노래〉 악보는 73쪽에 실려 있으므로 여기서는 생략한다.
** 전용호 인터뷰(2017.1.19). 전용호는 당시 실제로 영창에 갇혔던 사람이다.
*** 김향현(후에 김향득으로 개명)은 1980년 5월 당시 대동고 3학년으로 항쟁에 참여했다. 그는 고 1 때 Hi-Y에 가입해, 1979년에는 'YMCA 광주시 연맹' 고등부 총무가 되어 활동했다. YWCA 고등부 Y-Teen과 교류하면서 YWCA의 '양서조합'을 알게 되었고 조합을 통해 많은 책을 읽을 수 있었다. 이러한 경험을 바탕으로 그는 대동고에 독서회를 조직했다.

이러한 고문과 매질이 진행되는 과정에도 헌병들은 무료함을 달래기 위해 각 소대별로 장기자랑을 시키기도 했다. 어느 소대에서는 관광호텔 나이트클럽에 근무한다는 사람이 나와 〈장미빛 스카프〉를 열창하기도 했고, 전남대에 재학 중인 학생이 나와 당시 유행하던 '뱀장수' 흉내를 내어 감방 안을 웃기기도 했다고 한다. 잡혀온 날로부터 3~4일이 지난 후, '너희들이 제일 많이 불렀던 노래를 불러봐라'는 군인들의 주문을 받자 어떤 이가 〈늙은 군인의 노래〉를 선창했고 영창에 갇혀 있는 모든 이가 함께 따라 불렀다고 한다. 며칠 후, 헌병들은 그 노래가 시위에 사용되었던 〈투사의 노래〉임을 알게 되었고, 이런 노래를 불렀다는 이유로 다시 심한 매질을 당했다고 한다.•

비슷한 증언이 또 있다. 1980년 5월 당시 전남대 학생으로 민속문화연구회(탈춤반) 회원이었고 들불야학 강학을 하던 전용호가 경험한 일이다.•• 5월 27일 광주는 계엄군의 손으로 넘어갔고 5·18 공간에서

• 김향득 인터뷰(2016.12.28); 한국현대사사료연구소(韓國現代史史料研究所) 엮음, 『광주오월민중항쟁사료전집(光州五月民衆抗爭史料全集)』(풀빛, 1990).

•• 전용호 인터뷰(2016.12.28). 당시 전남대에는 학생들이 직접 선거로 선출한 민주적인 학생회가 등장해 학내 민주화운동을 주도했다. 그러나 공개 기구인 학생회가 직접 나설 수 없는 문제에 대해서 연구하고 활동할 별도의 조직이 필요해 비밀 기획팀을 만들었다. 비밀 기획팀은 선전 활동의 일환으로 ≪대학의 소리≫라는 지하신문을 발행했다. 그 작업은 이재의, 전용호가 주축이었다. 그러던 중 5월이 되었고 학내의 시위와 집회에 참여하게 되었다. 5월 18일, 계엄령이 선포되었고 광주는 혼란에 빠졌으며 시민들은 어리둥절해하고 있었을 때, '대학의 소리' 팀 전용호와 극단 '광대'의 김태종, 김선출, 김윤기는 ≪대학의 소리≫를 만드느라 사용했던 가리방, 등사기 등을 사용해 유인물을 만들어 배포

여러 가지 활동을 하던 전용호는 그들을 피해 도망자가 되었다. 약 2개월 후인 7월 20일, 그는 잡혀서 상무대 영창에 갇히게 되었다. 조사와 고문이 계속되는 가운데 무료한 헌병들은 수용된 이들에게 군가를 가르쳤다. 그리고 취침 전에 군가를 부르게 했다. 누군가가 헌병에게 "이런 군가도 있어요. 김민기가 작곡한 〈늙은 군인의 노래〉라는 건데……"라고 하자 헌병은 불러보라고 했고 그곳에 수용된 시민군이 다 함께 불렀다. 전용호는 "당시 영창에 수감되어 있던 시민군이 대중에게 알려져 있지 않았던 그 노래를 부를 수 있는 것이 참 신기하다고 느꼈다"고 말했다. 물론 가사는 '군인'을 '투사'로 바꾸어 부르지 않았다.

김향득의 경험이나 전용호의 경험은 50일 정도의 시간차가 나지

———
했다. 당시 유인물은 '대학의 소리' 팀 외에도 여러 팀들이 개별적으로 작업을 했다. '들불야학'과 '백제야학' 팀, 극단 '광대' 회원들, 월산동의 덕림사와 덕림교회 고등부의 조강일(18세, 진흥고 3학년) 등 10여 명의 고교생까지 참여했다. 당시 만들어낸 유인물은 급하게 만들어서 조잡했고, 격한 감정이 배어 있었으며 다양한 명칭으로 제작되었다. 5월 21일 '녹두서점'에서 정상용, 김영철, 윤상원, 박효선, 정현애 등이 모여 '들불야학', '대학의 소리', 극회 '광대'에서 산발적으로 해오던 유인물 작업을 '들불야학' 팀에서 제작을 전담하기로 하자고 결정해 유인물 작업의 계통이 통합되었다. 그때부터 유인물은 '투사회보'라는 제호로 발행되었다. '투사회보'는 처음에는 광천동 들불야학에서 5000~6000매를 제작하다가 24일부터는 금남로에 있는 YWCA로 옮기고 수동 롤러를 마련해 하루에 3만~4만 매를 제작해 배포할 수 있었다. 당시 YWCA는 재야 민주인사들이 자주 모여 집회를 해 진보적인 분위기였고 2층에는 양서조합 사무실이 있었다. 극단 '광대'도 YWCA 청년클럽 소속이었다. YWCA는 항쟁 기간에 청년학생투쟁본부로 대학생들의 집결소 역할을 했다. 이곳에서 궐기대회 준비도 이루어졌다.

만 실제로 겪은 일들이다. 몇 가지 의문이 남는다. 군인들은 실제로 그 노래를 모르고 부르라고 했을까? 수감자 중 몇 사람은 운동권 출신의 학생들이어서 이 노래를 잘 알았겠지만, 평범한 생활인이 대부분이었던 일반 시민군 수감자들이 10일간의 항쟁 동안 노래를 다 익힐 수 있을 만큼 〈투사의 노래〉를 그토록 자주 불렀을까? 그리고 가끔은 노래 중 '군인'을 '투사'로 바꾸어 부르기도 했다는데 당시 수감자들 자신이 '투사'임을 자각했을까?

스물여덟, 〈홀라송〉
영원한 데모송•

5월 27일로 5·18민중항쟁은 끝이 났으나 또 다른 장소에서도 〈홀라송〉은 불렸다. 23일부터 실시된 궐기대회에서 노래 지도를 맡았던 극회 '광대'의 회원 임희숙은 음악교육과 4학년 학생이었다. 한동안 숨어지내던 그녀는 다행히 체포되지 않았다. '다행이다' 싶던 차에 교생실습을 해야 하는 시기가 되어 7월 초부터 전라남도 광산군 평동중학교에서 교생실습에 들어갔다. 하루는 '장학지도가 있으니 담당 학급을 조용히 시키라'는 지시를 받고 교실에 들어갔다. 조용히 시키기 위해 열린 노래 〈홀라송〉을 사용했다. "우리들은 모범반이다 좋다좋다." 아이들에게는 잘 먹혔다. 재미있었던지 하교해서도 학생들은 노래를 불렀

—
•   〈홀라송〉의 악보는 54쪽에 있으므로 여기서는 생략한다.

던 모양이다. 그러나 5월 이후로 더욱 무서워진 공안정치에 감전된 학부형이 '아이들이 학교에서 이런 노래를 배웠다'고 신고했다. 난리가 났다. 임희숙은 상중이었으나 경찰에 붙잡혀 갔다. 그렇지 않아도 '5·18사태' 관련자 색출에 혈안이 된 공안정권은 항쟁 관련자들과 엮으려고 심문 조사를 끝없이 진행했다. 임희숙은 상중이라는 사실과 멋모르고 애들에게 가르쳤다는 '바보' 캐릭터를 연기해 무사히 빠져나갈 수 있었다. 당시 전남대학교 사범대학 학장의 아들도 함께 교생실습을 하고 있어서 바로 학장에게 보고가 들어갔고 학장은 적극적으로 학생을 도왔다. 또 임희숙의 스승인 음악교육과 이용일 교수의 도움도 있었다고 한다. 결국 5일 만에 훈방되었다. 임희숙은 내심 아직 불타고 있는 저항감과 젊은 혈기로 그런 시도를 했던 것 같다고 이야기한다.•

　　이러한 사용처가 아니라도 1980년대 초, 기습적 시위에서는 어디서고 〈홀라송〉이 울려 퍼졌다.

스물아홉, 〈오월의 노래 1〉
외부의 시선으로 만들어진 첫 오월의 노래••

▬▬

지금까지 알려진 바로는 광주 5·18민중항쟁을 소재로 가장 먼저 창작된 노래는 〈오월의 노래 1〉이다. 그런데 이 노래는 광주에서 5·18을

<hr>

•　　임희숙 인터뷰(2017.1.20).
••　　문승현 인터뷰(2015.11.25).

겪은 사람이 아니라, 당시 서울에서 대학을 다니던 문승현이 창작했다. 그는 정치학과에 재학 중이면서 서울대 노래모임 '메아리'의 단원이었다.

1977년, 처음 '메아리'가 만들어질 때는 그 목적이 대학사회의 건전한 노래문화 주도였다. 기존의 노래들 중에서 선택하여 부르는 정도인 것이다. 그러다 문승현이 메아리의 회장을 맡았던 1979년 정기연주회에서는 문승현과 한동헌이 주로 쓴 창작곡을 위주로 발표하게 되었다.• 창작곡은 사회참여적인 노래들이었고 이를 준비하는 과정에서는 갈등과 반발이 있었다. 우연히도 1979년의 연주회 날짜는 10월 25일로 박정희 대통령 암살 바로 전날이었다. 노래의 내용 때문이었는지 연주 후에는 의도치 않았던 시위가 있었다. 이후로 메아리는 운동성을 띠는 서클로 간주되었고 매년 연주회 후에는 자발적 시위가 일어났다고 한다.

1980년 광주에서는 신군부의 지나친 진압 행위로 사상자가 속출하고 결국 총격전으로 발전해 민간인 살해, 인권 탄압, 광주의 고립 등 엄청난 일이 일어났다. 그런데도 항쟁 기간에 국내의 언론은 철저히 차단되었고, 이후에도 정부는 사실을 왜곡시켜 국민들에게 알렸다. 1981년은 아직 5·18의 진실이 알려지지 않은 시기였다. 그러나 작곡가 문승현은 전남대 출신으로 한국일보 기자를 하던 이모부에게서 1980년 5월 광주에서 일어났던 일들을 자세히 들을 수 있었다. 정권의 정당성을 담보하지 못한 신군부 정권의 최대 약점이 된 광주 5·18민중

———
• 한동헌은 노찾사의 대표다. 창작곡으로는 〈나의 노래〉, 〈그루터기〉, 〈나무〉 등이 있고 노래모임 '메아리' 출신 싱어송라이터다.

오월의 노래 1

문승현 글, 곡

봄 볕 내 리 는 날 — 뜨 거 운 바 람 부 — 는
이 렇 듯 봄 이 가 고 — 꽃 — 피 고 지 도

날 — 붉 은 — 꽃 잎 져 흩 어 지 고 꽃
록 — 멀 리 — 오 월 의 하 늘 끝 에 꽃

향 기 머 무 는 날 — 묘 비 없 는 죽 — 음
바 람 다 하 도 록 — 해 기 우 는 분 숫 가

에 — 커 다 란 이 름 드 리 오 — 여 기 죽
에 — 스 몄 던 — 넋 이 살 아 — 앙 천 의

지 않 은 목 숨 — 에 이 노 래 드 리 오 —
눈 — 매 되 뜨 — 는 이 짙 은 오 월 이 — 여 —

사 랑 이 여 내 — 사 랑 이 여 음 —

항쟁을 소재로 쓴 노래를 1981년에 만들고 발표한다는 것은 용기가 필요한 일이었다.

묘비 없는 죽음에 커다란 이름 드리오

……

사랑이여

……

해 기우는 분숫가에 스몄던 넋이 살아

앙천에 눈매 되뜨는 이 짙은 오월이여

1980년 5월의 죽음은 폭도 혹은 빨갱이로 몰린 사람들의 억울한 죽음이었음을 노래한 것이다. 문승현은 노래를 만들어 1981년 메아리의 정기 연주회에서 발표했다.

5월운동 동안 광주에서는 〈오월의 노래 2〉가 최고의 저항가요였다. 그러나 최근에는 문승현의 〈오월의 노래 1〉을 더 많이 부른다. 1995년에 '5·18민주화운동 등에 관한 특별법'이 제정되어 희생자에 대한 보상 및 희생자 묘역 성역화가 이루어지고, 1997년에는 5·18민주화운동을 국가기념일로 제정하면서 5월운동의 목적이 불완전하나마 완수된 지금은 저항보다는 5·18을 기억하고 기념하고자 한다. 투쟁보다는 기념에 무게가 실리면서 투쟁성이 강한 〈오월의 노래 2〉보다는 예술적 완성도가 더 높은 〈오월의 노래 1〉이 더 많이 불리는 것이다. 어떤 예술 작품이 끝까지 살아남기 위해서는 예술성이 필수다. 〈오월의 노래 1〉에는 처절한 사실이 아름다운 시어로 표현되어 있다. 서정적 선율이 4분의 3박자로 흘러가며 장조임에도 불구하고 슬픔의 정서가 깔려 있는 예술적 가치를 품은 노래다. 4분의 3박자는 처음부터 투쟁가일 수 없다. 왈츠 리듬이기 때문이다.

문승현의 다른 노래들도 대부분 미학적 가치가 높은 편이다. 작곡가가 어렸을 적부터 피아노를 배웠고, 중 3 때 기타 치며 노래공연을 했던 음악적 배경과 고모(문정희)가 시인이라는 주변 환경이 도움이 되었을 것이라 생각한다. 그는 가사를 쓰기 위해 많은 시를 읽고 공부했다고 한다.

서른, 〈검은 리본 달았지〉
다함께 울어버린 노래[•]
—

〈검은 리본 달았지〉는 잘 알려진 민중가요는 아니다. 그러나 가장 서슬이 퍼렇고 무서웠던 시절에 작곡되고 연주되었으며 5·18민중항쟁의 피해자들을 가장 처음으로, 그리고 직접적으로 위로했던 노래라는 점에서 소개하고 싶은 노래다.

1981년, 광주는 처절한 패배로 무너져 내린 후 무력해져 있었고 패배의식, 죽음, 두려움, 부채의식 등 해결되지 않은 복잡한 갈등으로 인한 심리적 진통과 육신적 진통을 동시에 앓고 있었다. 3월 3일에는 이러한 진통을 안겨준 책임자 전두환의 대통령 취임식이 있었고 패배한 광주는 좌절감과 두려움으로 시퍼렇게 멍든 가슴을 웅크려 안고 억

———
• 　김종률 인터뷰(2015.12.9).

검은 리본 달았지

김종률 작사, 작곡

임을 그리는 마음으로

나는 오늘 검은 리본 달았 지
나는 오늘 슬픈 눈물 흘렸 지 (음 — —)

나는 오늘 검은 리본 달았 지 음 — — — —)
나는 오늘 슬픈 눈물 흘렸 지 음 — — — —)

당 신은 — 하 얀 수의 입었 지만
당 신은 — 눈을 감고 떠났 지만 (음 — —)

나는 오늘 검은 리본 달았 지 —
나는 오늘 슬픈 눈물 흘렸 지 —

지 — 아 이제 — 어떤 시를 — 만드

나 — 아 나는 — 무슨 노랠 — 부르 나

— 아 이제 — 무얼 위해 사 나

— 아 — 누굴 누굴 사랑해야 하나 — —

울한 침묵 속에 잠겨 있었다. 시민들은 집회와 결사의 자유를 억압당한 채 어떤 모임도 자유롭게 할 수 없었다. 이 시기에 노래공연이 열렸다. 1981년 11월에 열린 '김종률 작곡발표회'다.

전남대 경영학과 2학년이던 강진 출신 김종률은 정권수(전남대 수학과 4학년), 박미희(조선대 병설간호전문대 2학년)와 1979년 MBC 대학가요제에 참가해 〈영랑과 강진〉이라는 노래로 은상을 받았고, 1980년 광주 전일방송국 대학가요제에서 〈소나기〉로 대상을 수상한 작곡가 겸 학생가수였다. 또 노동자들의 상급 학교 진학을 도와 그들의 삶의 질을 향상시키겠다는 야학 '사랑의 교실'의 강학으로 봉사하는 학생이었다. 작곡발표회는 대학 선배인 이훈우가 기획하고, 서울에서 김민기가 내려와 무대감독을 맡아주었으며, 후에 광주 MBC PD가 된 오창규(오정묵)가 사회를 맡아 진행했다. 지금은 사라진 남도예술회관(상무관과 구 전남도청 별관 사이)에서 개최되어 10여 곡의 노래가 발표되었다.

신군부 정권이 5·18 관련자들의 어떤 집회도 허락하지 않았던 이 시기에 작곡발표회의 기획팀은 대담하게도 5·18 희생자 가족과 부상자, 피해자 등을 초청해 공연을 진행했다. 이 공연의 마지막 무대에서는 화가 홍성담이 제작한 5월항쟁 과정을 담은 슬라이드가 차례로 무대 화면에 비춰졌고 김종률은 〈검은 리본 달았지〉를 노래했다.

나는 오늘 검은 리본 달았지

......

나는 오늘 슬픈 눈물 흘렸지

......

아아 이제 무얼 위해 사나

가사는 매우 수동적이며 아직 패배의식에 싸여 있다. 이 노래는 5·18 희생자들을 위한 조가인 셈이었다. 광주에서는 그때까지 5·18 관련 희생자 가족, 혹은 당사자들이 함께 모이는 자리가 없었다. 집회가 억압된 이 시기에 처음으로 관련자들이 함께 모였고, 아픈 상처를 드러내며 죽어간 영령들의 억울함과 떠나보낸 이들의 아픔, 그리고 폭도로 몰려 고개를 들 수 없는 억울함, 앞이 보이지 않는 미래에 대한 좌절감을 표현한 노래를 들은 것이다. 노래는 청중의 마음을 적셨다. 이 연주회에 참여한 5·18 관련자들, 시민들과 학생들은 흐느끼며 눈물을 흘렸다. 용감하고 무모한 기획이었으나 그만큼 크나큰 위로의 순간이었다. 이 작곡발표회 공연 기획에 참여했던 사람들은 행사를 진행하는 동안과 마치고 난 후, 조마조마한 마음으로 지냈으나 별일 없이 지나갔다고 한다. 이 공연은 5·18민주화운동 이후 5월을 주제로 다룬 최초의 저항 음악회로 기록되었다. ˙

서른하나, 〈임을 위한 행진곡〉
먼저 간 자가 남긴 과제

——

〈임을 위한 행진곡〉은 1982년 봄에 제작된 노래굿 ≪넋풀이≫의 마지막 곡이다. 1980년 5월 27일 새벽, 도청에서 계엄군의 총에 산화된 윤상원과 후배 박기순˙˙의 영혼결혼식(1982년 2월)을 음악극으로 만든 것

———
˙   정유하, 「음악운동」, 64~64쪽.

이다.

신랑 윤상원은 전남대 정치외교학과 출신으로 서울 주택은행 봉천동지점에서 근무하다 고향 광주로 내려와 공장 취업, 신협 근무, 들불야학 강학 등 사회운동을 전개하던 중 5·18을 맞게 되었다. 항쟁 초반에는 사태를 조망하다 마비된 언론을 대신해 들불야학의 강학, 학생들과 함께 '투사회보'를 제작해 배포했고, 5월 26일 구성된 '광주시민투쟁위원회'의 대변인이 되어 대외적으로 기자회견을 열기도 했다. 그러다 1980년 5월 27일 새벽, 도청에 끝까지 남아 계엄군과 대치하다 계엄군의 총탄에 목숨을 잃었다. 이 두 사람의 영혼결혼식이 1982년 2월 20일 광주 망월동에서 거행되었다.

1982년 당시, 광주에서 살고 있었던 소설가 황석영의 집은 문화운동가들의 사랑방이었다. 대학가요제 수상 경력을 가지고 있던 김종률과 문화운동가 전용호는 1982년 3월 어느 날 운암동에 있던 황석영의 사랑방에 모여 1982년 2월에 있었던 윤상원과 박기순의 영혼결혼식을 언급하면서 '두 사람의 영혼을 기리고 살아남은 자들의 의지를 결집하자'는 의도로 노래극 창작을 도모했다.

창작 노래극의 전체적인 틀과 가사는 황석영이 맡았고 김종률은 작곡을 담당했다. 전영호의 일은 노래굿의 공연팀을 구성하는 것이었다. 노래굿은 영혼결혼식 당시 주례사 대신 낭송되었던 문병란 시인의 시 「부활의 노래」를 주제로 하여 '5월 항쟁 희생자들의 부활'을 상징화했다. 노래굿의 순서는 다음과 같다.

•• 박기순에 관해서는 노래 〈상록수〉에 관한 '열일곱'에 자세히 기록되어 있다.

1. 서곡: 〈젊은 넋의 노래〉

2. 〈무등산 자장가〉

3. 〈회상〉

4. 〈에루아 에루얼싸〉

5. 〈무당 초혼굿 마당〉

6. 문병란 시 낭송: 〈부활의 노래〉

7. 〈못 오시나〉

8. 〈격려가〉

9. 〈님을 위한 행진곡〉

이 노래굿을 제작하기 위해 운암동의 황석영 자택 2층으로 김종률, 전용호, 오정묵(노래), 임영희(노래), 임희숙, 윤만식, 김은경, 김옥기(노래), 이훈우, 김선출(꽹과리) 등이 모여들었고 기타, 장구, 북, 꽹과리, 징, 빌려온 소니 녹음기 등이 동원되었다. 소리가 새어나가지 않도록 담요로 거실 유리창을 모두 막고 저녁에 연습을 시작했다. 녹음은 새벽 2시쯤에 시작해 3시 반경에 완성되었다.

이렇게 만들어진 노래굿 ≪넋풀이≫의 녹음테이프를 황석영이 화가 홍성담과 함께 서울로 가지고 갔다. 테이프는 1982년 기독청년협의회(EYC) 명의로 2000개가 복사·제작되어 전국으로 배포되었다. 첫 무대 공연은 1983년, 전국 YWCA 전국대회에서 놀이패 '신명'의 윤만식의 연출로 광주 YWCA 회원들이 선보였고 큰 호응을 얻었다. 1983년 입대 후 첫 휴가를 나온 작곡가 김종률은 서울의 거리를 걷다가 자신이 작곡한 〈님을 위한 행진곡〉을 처음으로 들었다고 한다. 실제로 1983년에는 이 노래가 전국의 학생들에게 알려졌고 〈아침이슬〉은 학

임을 위한 행진곡

백기완 시
김종률 곡

사 — 랑도명 — 예 도 이 름 도 남 김 없 이
동 — 지 는 간 데 없 고 깃 — 발 만 나 부 껴

한 평 생 나 가 자 던 뜨 거 운 — 맹 — 세
새 날 이 올 때 까 지 흔 들 리 — 지 말 자

세 월 은 흘 러 가 도 산 천 은 안 다

깨 어 나 서 외 치 는 뜨 거 운 함 성

앞 — 서 서 나 가 니 산 — 자 여 따 르 라

앞 — 서 서 나 가 니 산 자 여 따 르 라

〈님을 위한 행진곡〉 악보 원본(김종률 자료 제공).

생들의 애창곡 1위의 자리를 〈님을 위한 행진곡〉에게 내주었다. 지금
은 두음법칙에 따라 〈임을 위한 행진곡〉으로 알려져 있다.

〈임을 위한 행진곡〉의 가사는 황석영이 백기완의 시 「묏비나리」
에서 발췌해 수정한 시다. 「묏비나리」는 백기완이 1979년 YMCA 위
장결혼식 사건 주모자로 붙잡혀 모진 고문을 당하며 지내던 서울 서대
문교도소에서 1980년 겨울에 지었다. 백기완도 1983년 2월 대구에서
열린 '기독교 예장 청년대회'에 참석했을 때 처음으로 이 노래를 들었
다고 한다.

5월운동이 진행되는 동안에 광주에서는 〈임을 위한 행진곡〉과
〈오월의 노래 2〉가 최고의 투쟁가였으며 의례의 노래가 되었다. 신군
부가 펼쳤던 공안정치의 어려움 속에서 열린 추모제와 각종 집회마다
5·18 공간에서는 그토록 눈물로 불렸던 〈애국가〉 대신에 〈임을 위한
행진곡〉을 불렀고 '진상 규명'을 외치며 〈오월의 노래 2〉를 불렀다. 이
때 진행되었던 의례를 '민중의례'라고 했고 〈임을 위한 행진곡〉은 민
중의례가 되었다. 뒤에 실린 사진에서 볼 수 있는 것처럼 〈임을 위
한 행진곡〉은 일본의 일어서라 합창단의 애창곡이 되었다. 일본뿐만
아니라 동아시아 곳곳에서 불리는 이 노래는 홍콩에서는 〈사랑의 행진
곡〉, 대만에서는 〈노동투쟁가〉, 태국에서는 〈연대의 노래〉로 번안해
부르고 있다. 이 외에도 중국, 캄보디아, 말레이시아, 필리핀 등지에서
도 불린다고 보고되고 있다.•

_____

• 　정유하, 「음악운동」, 80쪽.

2016 오월 국제교류음악회에서 광산구립합창단, 일본 일어서라합창단, 4·16합창단
이 〈임을 위한 행진곡〉을 부르는 모습(2016 오월 국제교류음악회·광산구립합창단
자료 제공).

서른둘, 〈친구 2〉

노동자의 친구, 전태일을 생각하며

———

전태일의 분신 이후로 '노동문제'는 그의 원대로 사회의 중요한 이슈가 되었다. 10·26과 12·12사태 이후, '서울의 봄' 때도 '노동 3권 보장'의 구호는 계속되었다. 1980년 5월 15일 서울역 광장에서도 '노동 3권 보장하라'의 구호와 〈훌라송〉 '노가바'가 불렸다. 물론 광주에서도 외쳤던 구호다. 그리고 전태일은 잊혀지지 않았다. 5월운동이 지속되는 동안에 광주의 노래운동가 정세현은 노동자의 영원한 맏형, 전태일을 노래하는 〈친구 2〉를 열심히 불렀다. 이 노래가 말하는 '어두운 죽음의 시대'는 언제를 두고 하는 말일까? 사라져가며 "역사가 부른다!"를 외칠 수밖에 없었던 시대는 언제였을까? 한반도의 현대사에서는 가슴 아픈 죽음의 시대가 꽤 자주 있었다. 전쟁 시에는 전쟁이라서 죽음이 난무하게 된다지만 전쟁도 아닌 시기에 노예처럼 죽도록 일하고도 세끼조차 때울 수 없었던 시기가 있었고, 믿을 수 없는 학살이 일어났으며, 넘을 수 없는 장벽에 부딪혀 자신의 죽음으로라도 장벽을 부수겠다는 분신의 시기도 있었다. 아프긴 하지만 어떤 죽음은 여명의 길로 안내하기도 한다. 전태일의 죽음과 5월열사들의 죽음은 분명히 장벽을 흔들었고 어둠을 거두는 힘이 되었다.

　　〈친구 2〉는 구전가요다.* 구전가요는 어느 지점에서는 대중가요

———

* 이 노래의 제목이 〈친구 2〉인 까닭은 김민기의 노래 〈친구〉가 있기 때문이다. 김민기는 1971년 그의 데뷔 앨범에 첫 곡으로 〈친구〉를 실었다.

친구 2

작자 미상

어 두운죽음의시 대　　내친구 는 － －

굵은눈물붉은피　흘리며　　역사가부른 다

멀고험 한길 을　　북 소리울리 며

사 라져 간 － 다　　친 구는멀 리갔어 도

없 다 해 도 － －　　그 눈동자별 빛속에　빛나네

내 맘속에영 혼으 로　　살 아살 아 － －

이 어둠 을 － －　　사 르리 사 르 리
이 장 벽 을 － －　　부 수리 부 수 리

와 대립되는 개념이다. 대중가요는 공권력과 지배적 여론의 감시 아래 심의 과정을 거쳐야만 유포되므로 표현이 제한된다. 반면에 구전가요는 대중매체의 힘을 빌지 않고 입에서 입으로 전해지기 때문에 대중가요만으로 채워지지 않는 표현 욕구를 해소할 수 있는 수단이 된다. 그러므로 구전가요는 억압된 욕구를 집단적으로 표출할 수 있을 정도의 집단, 즉 학교, 군대, 교도소, 고아원 등에서 많이 발생되고 유포된다.

〈친구 2〉에 붙여진 현재의 가사는 청계피복 노동조합에서 만들어졌다고 한다. 청계피복 노동조합은 1970년 전태일 분신사건을 통해 결성된 노동조합으로 1970년대부터 전투적인 노동운동을 전개하면서 한국의 노동운동과 민주화운동에 크게 기여했다는 평가를 받고 있다. 노래 제목의 '친구'는 그러므로 전태일을 지칭한다고 볼 수 있다. 그러나 1988년과 1990년에 수감된 적이 있는 민중가수 박종화는 감옥에서 〈친구 2〉의 선율에 전혀 다른 가사를 붙여 부르는 것을 들었다고 한다. 필요에 따라 '노래 가사 바꿔 부르기'를 한 모양이다. 그렇다면 본래의 노래는 어떤 노래였을까? 아직까지 정확하게 알려진 바는 없다. 여하튼 〈친구 2〉는 구전가요며 '노가바' 중 하나인 셈이다.

〈친구 2〉는 단조의 서정가요다. 단조 서정가요는 암울했던 1980년대 초반에 주로 만들어졌으며 당시의 정서를 표현한다. 대중음악평론가 이영미는 〈친구 2〉가 1981년쯤 세상에 나온 것 같다고 기록하는데, 광주의 83학번 노래패원은 82학번 선배에게서 이 노래를 배운 것으로 기억한다. 이 노래가 당시 노래책에 실려 있었다는 증언으로 보아 그 무렵의 노래인 것이 틀림없다. 고려대학교 『노래얼』 3집(1984), 광주민중문화연구회의 『동트는 산하』(1985)에도 실려 있다. 이 노래를 가장 일찍 앨범에 실은 노래패가 우연히도 노래패 '친구'다. ≪의연한

산하≫(1986)에 가장 처음으로 실렸고 이후로 ≪타는 목마름으로≫
(1987), 정세현의 앨범 ≪동트는 그날까지≫(1990년 이후)에 실렸다. 그
러나 정세현이 1980년대, 〈친구 2〉를 부를 때는 전태일을 위해, 노동
운동의 목적을 가지고 불렀다기보다는 광주 민중항쟁에서 죽어간 친
구들을 기리며 부른 것이다. 그러므로 이 노래는 광주에서만큼은 5월
의 노래다.

2006년에 안치환은 ≪Beyond Nostalgia≫에 추억을 딛고 '다시
일어서는 노래'라며 〈친구 2〉를 실었다.

서른셋, 〈청산이 소리쳐 부르거든〉
먼저 만들어 부르고 친구가 보완하고
▬▬

시 「청산이 소리쳐 부르거든」을 쓴 시인 양성우는 일찍 세상을 향해
눈을 들었다. 그는 조선대학교 부속고등학교 2학년 재학 중에 4·19혁
명에서 시위를 주도했다. 대학을 졸업하고 광주중앙여자고등학교 교
사로 재직 중이던 그는 1975년 12월 '민청학련' 사건 관련자 석방을 촉
구하기 위해 광주의 YMCA강당에서 열린 구국기도회에서 시 「겨울공
화국」을 낭독했다는 이유로 교직에서 파면되었다. '겨울공화국'이란
박정희의 군사독재 정권을 빗댄 말이다. 이 사건 때문에 그는 국내에
서 시를 발표할 수 없게 되었다. 할 수 없이 양성우는 1977년에 시 「노
예수첩」을 일본 월간지 ≪세카이(世界)≫에 번역하여 게재했다. 이번
에는 중앙정보부에서 그를 연행해 '국가모독 및 대통령 긴급조치 9호

청산이 소리쳐 부르거든

작자 미상

청산이 소리쳐 부르거든 나 이미 떠났다고 기
나 긴 죽음의 시절 꿈도 없이 누웠다 가 신
새 벽안개 속에 떠났 다고 대답하라 저
깊 은곳에 영혼의외침 저 험한곳에 민중의 뼈아픈 고
통 내 작은이한몸 역사 에바처싸 우리라사랑하 리

위반' 혐의로 구속했고 그는 건강 악화로 가석방된 1979년까지 투옥 생활을 했다. 양성우는 이와 같은 어려움을 겪으면서도 일관되게 독재 정권과 맞서거나 그것을 비판하며 시대의 부조리함을 고발하는 저항시를 주로 썼다. 『겨울공화국』, 『북치는 앉은뱅이』, 『청산이 소리쳐 부르거든』, 『5월제』, 『그대의 하늘 길』, 『세상의 한가운데』 등이 그의 저항시들을 품고 있는 시집이다.

시집 『청산이 소리쳐 부르거든』은 1981년에 발표되었다. 이영미는 자신의 글에서 노래의 작곡 배경을 자세히 썼다. 노래 〈청산이 소리쳐 부르거든〉이 세상에 처음 소개된 것은 1982년인데, '라틴문제연구회'의 회원이었던 박해경(연세대 음대 80학번)이 노래를 가지고 와서 회원들에게 가르쳤다는 것이다. 그러나 지금의 형태는 아니었다. 양성우의 시 "떠났다고 대답하라"로 끝나는 12마디, 작은세도막형식까지의 노래였다. 노래는 좋으나 클라이맥스가 조금 아쉽다고 느꼈던 같은 서클의 멤버 성종규(연세대 정외과 80학번)는 노래의 후렴을 흥얼거리며 만들어 붙였다. 뒷부분은 성종규 작사, 작곡이 된 셈이다.• 형식적으로는 작은세도막형식에 9마디로 구성된 한도막이 더해져 21마디의 불규칙한 형식의 노래가 되었다.

• "1970년대의 대표적 민주노조였던 원풍모방 노동조합이 깨지고 이에 항의하는 가두 투쟁을 영등포에서 했던 날, 가두 투쟁이 끝나고 모이기로 한 신촌의 술집 훼드라에 두 명이 오지 않았다. 잡힌 것이다. 그 침울한 분위기의 술집에서 성종규는 이 노래를 후렴까지 붙여 불러 우뢰와 같은 박수를 받았다. …… 그 술집에는 연대의 다른 서클 학생들도 많이 있었고, 그때부터 본격적으로 퍼져나가기 시작했다." 이영미, '이야기주머니 11', 『노래이야기주머니』(녹두, 1993), 174쪽.

시인은 청산을 떠났다고 말한다. 그의 청산은 무엇을 의미할까? 아마도 안빈낙도가 가능한 곳, 정치적 압제가 없는 곳, 자유·민주·평화가 실현되는 곳일 것이다. 시인은 이승만 정권과 박정희 정권이 민중을 억압하고 있음을 알았기에 고등학생 신분으로 4·19혁명에도 가담한 바가 있다. 기성인이 되어서도 자유를 상실한 채, 정치적으로 억압받고 현실 세계에서 부당한 대우를 받으며 살아가고 있었다. 시를 낭독했다는 이유로 실직하게 되었고 시를 발표했다는 이유로 감방에서 세월을 보내야 했다. 그러므로 그는 머리를 풀고 땅을 치며 불투명한 미래로, 죽음의 세계를 향해 투쟁하기 위해 떠났다고 말한다. 성종규는 막연히 떠났다는 것만으로는 부족했던 모양이다. 매우 직설적인 표현으로 결단의 문장을 덧붙인다 "내 작은 이 한 몸 역사에 바쳐 싸우리라 사랑하리." 이 덧붙임으로 체념적인 단조의 노래가 단호한 결단의 노래가 되었다. 성종규에 따르면 이 노래가 학교를 떠나 노동현장에 투신하기 위해 떠나는 친구들의 전송 자리에서 많이 불렸다고 한다.* 파송의 노래가 된 셈이다.

---

* 1980년대 학생운동권에서는 이처럼 학교를 떠나 사회운동의 현장으로 가서 직접 투쟁하는 것을 '투신'이라는 단어로 설명했다

서른넷, 〈오월의 노래 2〉

5월운동의 동력이 된 노래

———

1980년 5·18민주화운동이 패배처럼 끝나버렸을 때, 그렇게 덮어둘 수 없었던 사람들이 5월 사건의 진상을 규명하고 '광주사태'라는 오명을 벗기 위해 몸부림치는 과정에서 셀 수 없이 불렀던 노래 두 곡이 있다. 〈임을 위한 행진곡〉과 〈오월의 노래 2〉다. 70년대 후반 학번의 혹자는 〈임을 위한 행진곡〉보다 더 많이 불렀으며 더 피를 끓게 했던 노래가 〈오월의 노래 2〉라고 한다. 이 노래에 관한 정보를 찾기 위해 수많은 사람을 인터뷰했으나 지금껏 작사자는 찾을 수 없었다. 다만 노래의 가락을 제공한 원곡 〈Qui a tué grand-maman〉에 관한 정보와 우리나라에 번안곡으로 발표되었던 노래에 대해서만 추적이 가능하다.

　　〈Qui a tué grand-maman(누가 할머니를 죽였나)〉은 미셸 폴나레프 (Michel Polnareff)라는 프랑스 가수가 1970년에 죽은 친구 뤼시앵 모리스(Lucien Morisse)를 추모해 곡을 쓰고 1971년에 발표한 노래다. 실제로 소중하게 가꾸어왔던 정원이 재개발지역에 편입되어 빼앗기게 되자 이를 지키려다 죽어간 할머니의 이야기를 소재로 했다. 불문과를 졸업한 가수 박인희는 이 노래를 개사해 〈사랑의 추억〉이라는 제목으로 1975년에 발표했다.* 미셸 폴나레프의 노래가 서정적이며 루바토적이라면 박인희의 노래는 리듬과 선율이 훨씬 단순해졌다. 누군가 단

———

* 불문과를 졸업한 박인희는 이필원과 함께 듀엣 '뚜아에무아(너와 나)'를 결성해 활동했다.

오월의 노래 2

개사 미상
미셸 폴나레프 작곡

꽃 잎 처 럼　금 남 로 에　뿌 려 진 너 의 붉 은 피
왜 쏘 았 지　왜 찔 렀 지　트 럭 에 실 고 어 디 갔 지
산 자 들 아　동 지 들 아　모 여 서 함 께 나 가 자
대 머 리 야　쪽 바 리 야　양 키 놈 솟 은 콧 대 야

두 부 처 럼　잘 려 나 간　어 여 쁜 너 의 젖 가 슴
망 월 동 에　부 릅 뜬 눈　수 천 의 핏 발 서 려 있 네
욕 된 역 사　투 쟁 없 이　어 떻 게 헤 쳐 나 가 랴
물 러 가 라　우 리 역 사　우 리 가 보 듬 고 나 간 다

오 월 그 날 이 다 시 오 면 우 리 가 슴 에 붉 은 피 솟 네　은 피 피 피

순화된 박인희의 노래를 듣고 5월 현장의 내용을 가사로 만들어 〈오월의 노래 2〉가 탄생한 것이다. 또다시 리듬 변화가 있긴 하지만 박인희가 부른 〈사랑의 추억〉은 놀라울 만큼 〈오월의 노래 2〉와 비슷하다.

　　수많은 사람을 만나 '노래의 가사를 누가 썼는지'와 '언제부터 부르기 시작했는지'를 조사해보았다. 광주에서 가장 치열하게 불렀던 노래이나 광주인이 가사를 쓴 것 같지는 않다. 몇몇 문화운동가들에게서 '아마도 서울지역에서 개사되어 내려온 것 같다'는 짐작만을 들을 수 있었다. 그렇다고 하더라도 광주의 5·18을 잘 아는 사람이 썼을 것이라는 게 필자의 의견이다. 노래가 불려진 시기에 관해서도 이미 30여 년이 지난 일이라 정확하게 알 수는 없었다. 가장 빠르게는 1982년이라는 사람도 있었으나 확실하게 시기를 말하는 이들은 1983년 군 제대 후 2학기에 복학해서 서울 소재의 대학에서 불렀다고 말한다. 광주에서는 1985년경에 이 노래가 일반화되었던 것 같다. 이때는 많은 사람이 시위 현장에서 이 노래를 불렀다고 기억한다.* 특히 망월동에서 있었던 5월 17일의 추모제에서는 항상 불렀던 노래다.

　　1980년대에 광주와 서울에서 〈오월의 노래 2〉가 그토록 많이 불렀던 이유는 무엇일까? 첫째, 가사의 사실성에 있다. 둘째, 오욕 속에 있는 시민들의 울분을 대변하는 가사의 치열성에 있다. 셋째, 이러한 가사를 잘 지지해주는 선율과 리듬에 있다. 마지막으로 가사의 단어 선택의 탁월함에 있다. 특히 1절의 가사는 사실에 근거한 잔인한 이야

---

* 　이현미·전용호·김태종 인터뷰(2015.12.1); 신형원, 「1980년대 한국 민주화운동과 노래문화에 관한 연구」(단국대학교 대중문화예술대학원 석사학위논문, 2005).

기를 시적 언어로 표현함으로써 그 효과가 극대화되어 있다.

사실성에 관해서는 남아 있는 자료만 살펴봐도 알 수 있다. 1980년 5월 19일 19세의 여학생이 대검으로 가슴을 찔린 자상 때문에 전남대병원 흉부외과에 실려 왔다. 담당 의사 오봉석은 유방 상부 앞부분이 찔렸고 넘어진 후 뒤쪽에서 다시 찔린 것으로 추정했다. 여학생은 호흡의 어려움을 호소했는데 검사와 수술 결과 폐에 피와 공기가 차서 호흡이 어려웠다고 증언했다. 주남마을 미니버스 총격 희생자인 손옥례(당시 19세)도 유방에 자상이 있다는 소견이 있었다. 눈알이 빠진 채 죽은 여학생도 있었다. 2절의 가사도 사실에 근거한다. 5월 18일과 19일, 수많은 시민과 학생이 트럭에 실려 어디론가 사라졌다. 충장로 1가 당구장에 계엄군이 들이닥쳐 손에 초크가 묻지 않은 사람들을 분류해 곤봉으로 후려치고 우체국 앞으로 끌고 가서 트럭에 실었다. 차내에서도 구타는 계속되었다. YWCA 건너편 무등고시학원에도 계엄군이 난입해 공부하던 학원생들을 구타하고 연행해 갔다. 금남로 2가 앞에서 시위하던 수많은 학생과 시민도 구타당한 후 트럭에 실렸다. 오후 2시 무렵에는 공수부대원들이 잡아온 학생들을 조선대 운동장과 체육관으로 실어 날랐다. 잡혀 온 자들에게 낮은 포복으로 운동장을 돌게 하거나 무자비한 구타를 되풀이했다. 시외버스 공용터미널 앞에 운집한 시민들에게는 최루탄을 쏘며 무작위로 잡아들여 트럭에 실었다. 결국 그들은 상무대나 31사단으로 끌려갔다.*

---

* 한국현대사사료연구소(韓國現代史史料研究所) 엮음, 『광주오월민중항쟁사료전집(光州五月民衆抗爭史料全集)』. 허연, 최충용, 황강주, 이희승, 김영철, 조훈철 등 구술.

이러한 현장들을 목격하거나 건너 들은 광주시민과 1980년대의
학생들은 노래를 부를 때마다 이 가사의 사실적 표현에 소름이 돋고
그날의 기억이 다시 살아 온다. 그리고 3절과 4절을 부르면서 투쟁할
것을 결단한다. 마지막 절을 마치고는 딸림음으로 "피피피!"를 외치는
데 노래의 모든 부분에서 가장 격렬하다. 이 곡을 처음 구성했던 이가
이 마지막 한 마디를 포함시켰는지, 아니면 시위의 현장에서 덧붙여진
것인지는 알 수 없다. 민중가요집에 따라 이 마지막 한 마디가 있는 악
보도 있고 없는 악보도 있다. 30년 넘게 전해져 오는 동안 덧붙여졌을
가능성도 있다.*

리듬의 경우도 처음 미셸 폴나레프의 것에서 박인희의 리듬으로
변한 것은 박인희의 의도에 따라 단순화된 것이라면 〈오월의 노래 2〉
에 나타난 '깡총 리듬'은 부르는 과정에서 격렬함을 표현하면서 두 개
의 8분음표가 깡총 리듬으로 변한 것으로 추정할 수 있다. 다음 악보는
〈Qui a tué grand-maman〉, 〈사랑의 추억〉, 〈오월의 노래 2〉의 리듬
변화를 보여준다.

당연하기도 하지만 우연히도 5월운동을 끌고 온 두 곡의 대표적인
노래(〈임을 위한 행진곡〉과 〈오월의 노래 2〉)는 단조이며 4분의 4박자다. 덕

---

* 　1980년대 중반에 대학을 다녔던 김봉준은 마지막 "피피피!"를 자신들이 시위
　　현장(광주)에서 붙여 부르기 시작했다고 증언했다. 김봉준 인터뷰(2017.4.18).

분에 두 곡 모두 **빠르고** 격렬하게 부르면 데모송이 되지만 속도를 늦추면 매우 슬픈 노래가 된다. 그래서 이 두 노래는 5·18의 기념식이나 추모제에서는 가사 없이 연주곡으로 느리게 연주하면서 묵념 음악이나 분향 음악으로 사용되기도 한다. 5월운동의 추동 에너지였던 이 노래는 민주화에 대한 공이 지대하다. 아직도 이 노래의 가사를 누가 썼는지 알아내는 것은 과제로 남아 있다.

서른다섯, 〈타는 목마름으로〉
민주주의여, 만세!
━━

1970~1980년대에 시인 김지하는 청년학생들에게 선각자이며 선동가였다. 지금은 전향해 그때와는 다른 시각으로 세상을 이야기하고 있지만 과거의 그는 적극적으로 독재에 저항하는, 행동하는 지식인의 모습을 보여주었고 「오적」, 「비어」, 「황톳길」, 「녹두꽃」 등 수많은 저항시를 통해 청년학생들에게 지대한 영향을 미쳤다. 그의 시 「타는 목마름으로」는 폭압적인 정치 상황 속에서도 자유와 민주주의를 고대하겠다는 간절한 기다림을 표현하고 있다. 이 시는 1970년대에 발표되었으나 지면으로 만나기는 어려웠다. 그러다 1982년에 출간된 김지하 시선집 『타는 목마름으로』*에 실렸다. 하지만 시선집 이전에 입에서 입으로, 그리고 필사로 돌고 돌아 그의 시는 읽히고 낭송되면서 전달되었다.

———
• 　김지하, 『타는 목마름으로』(창작과비평사, 1982).

타는 목마름으로

이성현 곡
김지하 시

내 머리는 너를 잊은 지 오래 내 발 길도 너를 잊은 지 너무도 오
오는 저 푸르른 자유 의 추 억 되살아나는 끌려가던 벗 들 의 피 묻은 얼

래 오직 한 가닥 타는 가슴 속 목마름 의 기 억
굴 떨리는 손떨리 는 가 슴 치떨리 는 노 여움

이 네 이름 을 남몰래 쓴 다 타는 목마름으로 타는
이 신새벽 에 남몰래 쓴 다

목마름으로 민주 주 의여 만 세 살 아 세 만

세 만 세 민주 주 의여 만 세

1983년 1월 연세대 후문 근처 봉은동의 한 자취방에서도 이 시는 낭송되었다. 연세대 동아리인 현대문화연구회 회원들이 모인 자리에서 한 회원이 이 시의 일부를 읊조렸다. 이를 들은 다른 이가 곡을 붙여 노래를 부르기 시작했고, 이렇게 얼기설기 만들어진 노래 가락을 이성현이 정리해 완성시켰다고 한다. 이 노래는 민중문화운동연합(민문연) 이름으로 노래모임 '새벽'이 녹음해 비합법적으로 민문연 5집 ≪민주주의여 만세≫(1985)에 실려 발표되었다. '새벽'은 1984년 고려대 '노래얼' 출신 표신중, 이영미와 서울대 '메아리' 출신 문승현, 김보성, 조경옥, 노승종, 김삼연과 이화여대 '한소리' 출신 박미선, 설문원과 '연합메아리' 김광석 등이 모여 애오개소극장에서 음악과 연극이 만난 종합극 ≪또다시 들을 빼앗겨≫를 공연하면서 자연스럽게 조직된 노래모임이다. 당시에 연극은 극단 '연우무대'에서 활동하고 있던 문병옥과 오인두가 출연했다. 이 그룹에서는 창작곡으로 공연하려는 시도가 있었고, 이러한 까닭에 이후로 새로운 민중가요가 많이 탄생했다. 1978년 공연된 노래극 ≪공장의 불빛≫ 이후로 창작 음악극과 노래들이 비합법 앨범으로 제작되어 보급되던 때라 이러한 작업과 보급은 대학에서 노래운동을 하던 이들에게는 이상할 것이 없는 배포 방식이었다.

이 노래는 단조 서정가요다. 애초에 시가 불규칙한 운율로 구성되어 있어서 노래의 가사로는 적절하지 않았다. 그래서 1절과 2절의 '가사 붙이기'가 조금 다르고 2절은 더 많은 음절(가사) 때문에 1절의 선율보다 더해진 음가가 있다. 먼저 1절은 시작 부분이 갖춘마디인데 2절은 못갖춘마디로 한 박자가 더해졌고 계속되는 3마디와 4마디도 남아도는 음절을 낭송조로 해결하고 있다. 작곡자가 시의 중요한 내용을 희생시킬 수 없어 선택한 방법일 것이다. 그러나 시가 원형 그대로 사용된 것은 아니고 노래의 구조에 맞게 나름 취사선택되어 가사화되었다. 또한 동기, 악구, 악절 발전에 있어서도 매우 불규칙하다. 그래서 가수들이 노래를 음반에 담을 때, 악보대로 부르지 않고 조금씩 변주해 노래한다. 그럼에도 불구하고 이 노래가 대중의 사랑을 받을 수 있었던 것은 가사의 내용에 따라 선율의 높낮이와 리듬이 적절히 사용되어 그 가사의 절절함을 잘 살렸기 때문이다. 특히 마지막 악절에서 순차적으로 상향 진행해가면서 부르짖는 "민주주의여 만세"는 극적으로 마무리되어 있어 부르는 이뿐만 아니라 듣는 이의 가슴을 뭉클하게 만들고 있다. 정서와 감정을 선율에 담는 데는 성공한 것이다.

광주에서는 1980년대 중반에 〈새〉와 함께 〈타는 목마름으로〉를 불렀다고 한다. 대중매체의 도움도 없이 굉장히 빠르게 전달된 셈이다. 5월운동 기간 내내 많은 민중가수가 거리음악제에서, 집회와 시위의 공간에서, 그리고 술자리에서 울분을 토하며 이 노래를 불렀다. 공중 전파를 타기 시작한 것은 조금 후인 1988년부터인 듯하다. 서울대의 오월대동제에서 노래패 '메아리'의 학생이 〈타는 목마름으로〉를 불렀고 1994년 MBC 대학가요제에서 김광석이 초청가수로서 이 노래를 불렀다는 기록이 있다. 시간이 흐르며 민중가요가 점차 양지로 나오는 것이 보인다.

서른여섯, 〈이 산하에〉

노래극 ≪또다시 들을 빼앗겨≫가 남긴 노래

1980년대 중반부터 광주 음악운동의 중요한 인물이었던 정세현은 1985년 국악과에 입학해 전남대 신입생 환영회에서 〈이 산하에〉를 불렀다. 1984년 4월에 발표된 노래인데 1년도 되지 않아 광주에서 부른 것이다. 물론 비합법 테이프를 통해서 광주에 전달되었을 것이다.

이 노래도 앞서 소개한 〈오월의 노래 1〉과 〈사계〉, 〈그날이 오면〉 등 많은 노래를 작사하고 작곡한 창작자이자 우리나라의 음악운동을 이끌었던 중요한 인물인 문승현의 작품이다. 노래모임 '새벽'의 창단과 활동, 노래패 '노찾사'의 결성 등에서 문승현의 역할과 영향은 지대하다. 서울대 노래모임 '메아리'의 멤버로 노래를 시작한 그는 졸업 후에는 대학원 진학도, 부모님이 원하는 고시도 다 뒤로한 채, 노래운동을 시작한다. 처음에는 표신중(76학번)과 의기투합해 1984년 3월 말, 애오개소극장에서 노래이야기 ≪가지꽃≫을 기획했다. 그리고 '꽃다지'의 김애영, 이화여대 '한소리' 출신 박미선 등의 도움으로 함께 ≪가지꽃≫을 제작·공연해 큰 성공을 거두었다. 공연의 성공은 더욱 적극적인 음악운동으로 이어졌다. 같은 해 4월에 ≪또다시 들을 빼앗겨≫라는 창작 노래극을 공연한 것이다. 이러한 기획이 가능할 수 있었던 것은 주변의 풍부한 인적자원에서도 그 공을 찾을 수 있겠다. 고려대 연극반 출신이면서 동시에 노래패 '노래얼' 단원이었던 표신중과 이영미(노래얼, 79학번)가 있었고 여러 대학의 노래패 출신들, 그리고 이미 '메아리'에서 창작의 경험을 쌓았던 문승현, 한동헌과 이창학, 그리고 노래를 잘 불렀던 김광석(연합메아리, 82학번), 김삼연(메아리, 83학번), 설문원(한소리, 79학번), 조경옥(메아리, 78학번) 등이 있었다. 어쨌든 문승현과 이창학(메아리, 81학번)은 노래 창작을 맡았다. 그리고 이때 처음으로 '새벽'이라는 이름을 내걸었다. 공연은 또다시 큰 성공을 거두었다.

≪또다시 들을 빼앗겨≫는 일제강점기부터 해방을 거쳐 군사정권에 이르기까지 한일관계를 재조명하는 것을 주제로 한 종합적인 노래극이다. 그리고 문승현이 이 노래극을 위해 작곡한 곡이 〈이 산하에〉다. 하지만 〈타는 목마름으로〉와 같이 갓 만들어져 퍼지기 시작한 노래도 포함되어 있었다. 극은 다음과 같이 구성된다.

1부
- 새야새야
- 연대기 (한일합방~1925년)
- 강
- 연대기 (1925년~1940년대)
- 금자동아 / 기러기
- 연대기 (1940년대)
- 이 산하에

2부
- 연대기 (1945년)
- 상황극 (대동아공영권의 꿈)
- 상황극 (팍스아시아나)

이 산하에

문승현 작사, 작곡

기 나 긴 밤이었거든 압제의 밤이었거든 —
기 나 긴 밤이었거든 죽음의 밤이었거든 저
기 나 긴 밤이었거든 투쟁의 밤이었거든 북

우 금 치 마루에 흐르—던 소리없는 통곡이어든 불
삼 월하늘에 출렁—이던 피에물든 깃발이어든 목
만 —주 벌판에 울—리던 거—역의 밤이었거든 아

타 는 녹—두 벌판에 새벽 빛——이 흔들린다 해—도 굽이
메 인 그—함성 소—리 고요 히——이 어둠깊이 잠들고 바람
아 —모—진—세—월 모진 눈보라가 몰아친다 해—도 붉—

치 는 저—강물 위에 아침 햇살 춤춘다 해도 나는
부 는 묘—지—위 엔 취한
은 —이 산—하 에 이 한

눈 부 시 질 않 아 라

깃 발만 나 부 껴 나는 노 여 워 우 노 라

164   그래도 우리는 노래한다

3부

- 녹두꽃

- 민주

- 북을 쳐라 (시낭송)

- 타는 목마름으로

- 전진가 1, 2

- 청산이 소리쳐 부르거든

1부의 주제곡으로 쓰인 〈이 산하에〉의 가사에는 동학농민운동, 3·1운동, 만주에서의 항일 민족해방운동 등이 등장한다. 이 공연에서 '메아리' 후배 김삼연이 〈이 산하에〉를 불렀고 '연합메아리'의 김광석은 〈녹두꽃〉을 불렀다. 이 공연 후 김민기가 공연에 참여한 후배들과 함께 음반 작업을 한 결과물이 ≪노래를 찾는 사람들≫ 1집이었고 첫 합법적 음반이 되었다.

서른일곱, 〈광야에서〉

노찾사 인기 순위 2위 곡

———

〈광야에서〉를 만든 이는 성균관대 무역학과 82학번인 문대현이다. 그는 성균관대 노래패 '소리사랑(嘯廊)'을 창단했으며 노찾사의 원년 멤버다. 1980년대 민중가요의 대표적인 작곡가 문승현의 동생이기도 하다. 그는 형과 함께 초등학교 시절에 피아노를 배웠고 형의 기타를 가지고 독학하며 음악을 배워나갔다. 그는 형의 영향을 받았음을 인정한다.

문대현이 노래를 작곡하게 된 계기는 상당히 우연적이며 도발적인 사건이었다. 1984년 이화여대 노래패 '한소리'의 공연을 보고 공연평을 하는 자리에서 그는 "그래도 노래팀이면 창작곡 한 곡 정도는 있어야 하는 것 아니냐"며 큰소리를 쳤다. 얼마 뒤 성균관대 '소리사랑'의 공연이 있는 참이라 자신의 말 때문에 창작곡을 내놓지 않을 수 없었다. 그 결과로 탄생한 곡이 〈광야에서〉였다.* 이러한 호언도 여러 곡의 민중가요를 창작했던 형의 영향이었을 것이다.

이 노래의 의도는 무엇이었을까? '광야'의 의미는 무엇이며 '만주벌판'은 왜 등장했을까? 문대현은 이 노래를 작곡할 당시, "〈독립군가〉가 유행했고 〈신독립군가〉가 만들어지던 시절이었으며, 전두환 전 대통령이 '한일 문화교류'를 하겠다며 일본천황을 만나고 하던 때라 '만주벌판'을 떠올렸나 보다"라고 설명한다.

이 노래는 '노래를 찾는 사람들'의 첫 공연이 있던 1987년, 3부의 끝 곡으로 연주되면서 많은 감동을 주었다고 한다. 하지만 폭발적인 인기를 얻은 것은 1989년 발매된 ≪노래를 찾는 사람들≫ 2집을 통해서였다. '노래를 찾는 사람들'의 앨범과 그들의 존재는 여러 면에서 민중가요가 대중화되는 데 공헌했다. 이 앨범의 발매 이후 민중가요에 대한 국민들의 관심은 지대했다. 1991년에 한국민족예술인총연합(민예총)과 서문기획이 사무전문직 187명, 재야 민주시민단체 280명, 서울시내 20개 대학의 학생 217명, 수도권 지역의 생산직 노동자 247명, 문화예술계 인사 71명을 대상으로 실시한 설문조사에서 응답자들은

---

* "노래 '광야에서'를 만든 문대현", ≪한국일보≫, 2009년 6월 29일 자.

광야에서

문대현 글, 곡

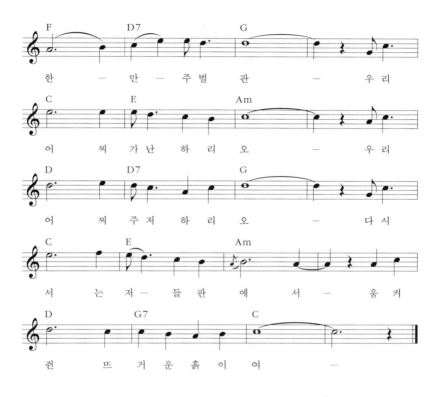

한 — 만 — 주벌판 — 우리

어 찌 가 난 하 리 오 — 우리

어 찌 주 저 하 리 오 — 다시

서 는 저 — 들 판 에 서 — 움 켜

쥔 뜨 거 운 흙 이 여 —

즐겨 듣는 음악으로 먼저 대중가요(68.2%)를 들었고 다음으로 민중가요(61.7%)를 들었다.* 그리고 이 설문조사에서 응답자들이 좋아하는 민중가요로 지명한 노래가 350여 곡이나 되었다. 1위 곡은 〈솔아 솔아 푸르른 솔아〉였으며 2위 곡이 〈광야에서〉였다. 1993년에 발간된 『애창민중가요대백과』에 올라간 '우리시대의 애창 민중가요 10곡' 안에도 〈광야에서〉는 포함되었다.** 그리고 지금까지도 〈광야에서〉는 독창으로, 합창으로, 대중적인 창법으로, 벨칸토 발성으로 인기리에 불리는 노래이다.

　〈광야에서〉가 이토록 인기가 있는 이유는 무엇일까? 고전주의 시대의 빈틈없는 '논리 정연함'은 아니지만 좋은 노래가 가질 수 있는 형식, 가사, 선율이라는 요소에서 성공을 거두었기 때문이다. 첫째, 48마디로 이루어져 있는 이 노래는 정확하게 3부분(16마디＋16마디＋16마디)으로 이루어져 있으며 균형 잡힌 형식을 갖추고 있다. 둘째, 명확한 내용의 전개는 아니지만 민중 내부의 슬픔으로부터 바깥을 향해 점차 확

<hr />

- 　표본집단이 일반 시민을 대표하지는 못한 설문조사이기는 하다. 〈솔아 솔아 푸르른 솔아〉, 〈광야에서〉, 〈아, 대한민국〉, 〈우리의 노래가 이 그늘진 땅에 햇볕 한 줌 될 수 있다면〉, 〈꽃다지〉, 〈아침이슬〉, 〈누가 나에게 이 길을 가라 하지 않았네〉, 〈철의 노동자〉, 〈마른 잎 다시 살아나〉, 〈백두산〉이 10위권 안에 든 노래였고 〈임을 위한 행진곡〉은 11위였다. "민중가요 '또 하나의 문화'로 정착", ≪한겨레신문≫, 1991년 12월 15일 자.
- ** '우리시대의 애창민중가요 10곡'은 〈사노라면〉, 〈아침이슬〉, 〈솔아 솔아 푸르른 솔아〉, 〈늙은 군인의 노래〉, 〈직녀에게〉, 〈임을 위한 행진곡〉, 〈함께 가자 우리 이 길을〉, 〈그날이 오면〉, 〈단결투쟁가〉, 〈광야에서〉다. "노래로 보는 사회사", ≪한겨레신문≫, 1993년 2월 3일 자.

장되어가는 가사 전개가 주는 질서와 뭉클함이 있다. 게다가 마지막 부분에서 민중의 오랜 희망을 표현하는 결연함은 또 새로운 감동을 준다. 문대현은 우리 민족에게 특별한 의미가 있는 단어들로 텍스트를 구성해 성공한 셈이다. 셋째, 선율이 일정한 방향성을 가지고 일관되게 진행하고 있다. 특히 이끔음 해결의 지연과 극적인 해결, 그리고 클라이맥스의 형성이 청자나 창자의 정서적 욕구를 충분히 만족시켜주고 있다. 첫 16마디(A 부분)는 저음의 선율로 우리가 껴안고 있는 문제를 제기한다. 두 번째 부분(B 부분)에서는 두 번이나 이끔음(시)으로 상행하지만 이끔음의 으뜸음(도)으로의 해결, 혹은 으뜸화음으로의 해결을 지연시킨다. 연속되는 해결의 지연은 해결을 더욱 기대하게 만든다.* 그리고 B 부분은 장조와 단조가 혼용되면서 불안정함을 이끌어내고 있다. B 부분에서 유보되었던 이끔음은 마침내 세 번째 부분(C 부분) 첫 마디에서 I도 화음으로 해결된다. 그리고 불안정하게 방황하던 화성과 선율이 확고한 장조의 으뜸화음으로 안정을 찾는다. 특히 클라이맥스의 음(미)이 으뜸화음에서 도출되어 클라이맥스를 이루는 음임과 동시에 안정감을 주는 역할까지 떠안고 있다. 조성음악에서 해결을 필요로 하는 불안정함은 안정감으로 향하는 B 부분의 떠도는 불안정함이 C 부분에서 극적으로 해결됨으로써 그 효과가 극대화되었다. 작곡가의 음악적 본능이 노래를 성공적으로 완성시킨 것이다.

---

* 서양 조성음악에서 이끔음은 으뜸음으로 해결되어야 하는 음이다.

서른여덟, 〈직녀에게〉

노래가 노래를 낳고

1984년 광주에서 박문옥의 연출로 제작된 옴니버스 음반 ≪예향의 젊
은 선율≫에 실린 〈바위섬〉이 KBS ≪가요 톱10≫에서 2위를 차지하
고 라디오 차트에서는 1위를 하면서 김원중은 인기 가수가 되었다. 김
원중은 새로운 독집 음반을 준비하면서 박문옥에게 독집 음반의 연출
을 맡겼다. 이때 광주는 '5·18의 진상 규명', '광주사태 오명 벗기' 등의
5월운동이 한창 진행 중인 상태였다. 어느 날 광주 MBC에서 PD로 재
직하던 오정묵이 음반 작업으로 한참 바쁘던 박문옥에게 재미한국청
년연합• 소속의 김형성이 작곡한 노래 〈직녀에게〉를 들려주면서 이
가사로 새롭게 작곡해보면 어떻겠냐는 제안을 했다. 김형성의 〈직녀
에게〉는 가곡풍의 노래였다. 박문옥은 제안을 받아들여 김형성이 작
곡하면서 사용했던 가사를 그대로 사용하고 선율은 대중성을 가미하
여 새롭게 작곡했다. 가사는 시인 문병란의 시 「직녀에게」에서 발췌해
수정한 것이었다. 박문옥은 이 노래를 김원중이 부르게 하고 그의 독

•   재미한국청년연합은 1980년 5월 지역 학생운동 세력의 주모자로 지목되어 수
      배되자 1981년 4월 화물선 레오파드호에 숨어 미국으로 밀항해 들어갔던 윤한
      봉(1947~2007)이 결성한 단체다. 그는 민족학교와 재미한국청년연합 등을 결
      성해 대한민국의 민주화운동을 지원하고 있다가 1993년 5·18 수배자 가운데
      마지막으로 수배가 해제되자 귀국했다. 그는 후에 5·18기념재단 설립에 주도
      적인 역할을 했고 민족미래연구소장과 들불야학기념사업회장 등을 맡아 치열
      하게 운동을 전개해나갔다.

직녀에게

문병란 시
박문옥 곡

집 음반에 포함시켜 1987년에 발매했다.

문병란의 시 「직녀에게」는 '견우와 직녀' 설화를 시의 제재로 사용했기 때문에 사랑을 노래한 시 같으나 사실은 한반도의 통일을 염원하는 작품이다. 시는 노래 가사보다 훨씬 치열하며 생생한 단어들로 구성되어 있어 더욱 간절하다. 시인 문병란은 1976년 시 잡지 ≪심상≫에 시 「직녀에게」를 발표했다. 후에 자신의 시선집 『땅의 연가』(창작과 비평사, 1981)에도 수록했다. 1987년이면 전두환의 군사정권 시절로 사회성이 있는 노래는 금지되던 시절이었다. 당연히 KBS는 이 노래에 방송 금지 처분을 내렸다. 그러나 노래 〈직녀에게〉는 전국 방송을 탈 수 없었음에도 불구하고 입에서 입으로 전해지면서 꾸준히 사랑을 받았다. 1993년에는 10대 애창 민중가요 안에 자리를 잡았고, 특히 1998년 김대중 대통령이 햇볕정책을 천명하고 국민들이 민족 통일에 관심을 갖게 되자 수많은 통일 관련 민중가요가 만들어지는 가운데 이 노래는 더욱 적극적으로 불리게 되었다. 자극적인 단어들이 제거된 〈직녀에게〉는 사랑과 통일의 이중적 의미를 띠면서 민중가요로서, 그리고 대중가요로서 아직도 사랑받는 노래로 남아 있다. 다음은 문병란의 시 일부다.

이별이 너무 길다.
슬픔이 너무 길다.
사방이 막혀 버린 죽음의 땅에 서서
그대 손짓하는 연인아,
유방도 빼앗기고 처녀막도 빼앗기고
마지막 머리털까지 빼앗길지라도

우리는 다시 만나야 한다.

우리는 은하수를 건너야 한다.

오작교가 없어도 노둣돌이 없어도

가슴을 딛고 건너가 다시 만나야 할 우리

칼날 위라도 딛고 건너가 만나야 할 우리

이별은 이별은 끝나야 한다.

말라붙은 은하수 눈물로 녹이고 가슴과 가슴을 노둣돌 놓아

슬픔은 슬픔은 끝나야 한다, 연인아.

서른아홉, 〈광주출전가〉
광주의 투쟁가

———

〈광주출전가〉는 정세현(본명 문성인)이 작사, 작곡한 노래다. 후에 시인 고규태가 어색한 가사를 부분적으로 수정했다. 정세현과 고규태는 광주 문화운동의 산실이라 할 수 있는 '일과놀이', 그리고 '일과놀이'에서 진일보해 1984년 겨울 새롭게 조직된 '민중문화연구회'를 중심으로 활동하면서 작곡가와 작사가로 많은 곡을 공동 작업했다.

1980년대는 신군부가 지배하던 시기로 사회운동 혹은 학생운동이 많은 제약을 받던 공안정국이었다. 학생운동을 전개하던 이들은 기독교 단체나 교회에 소속되어 활동함으로써 기독교의 보호를 받을 수 있었다. 5·18민중항쟁에 참여해 구속되었고 전남대에서 제적당한 전용호는 1982년, 기독교장로회 청년회(기청) 전남연합회 상임총무를 맡고

광주출전가

고규태 글
정세현 곡

동지들모여서 함께 나가자
투쟁의깃발이 높이 솟았다

무등산정기가 우리에게있다
혁명의정기가 우리에게있다

무엇이두려우랴 출전하여라
무엇이두려우랴 출전하여라

영원한민주화 행진을위해 나
억눌린민중의 해방을위해 나

가 나 가 도청을향해
가 나 가 목숨을걸고

출전가를힘차게 힘차게부르세

있었다. 그는 화순읍교회 회장에게서 '화순읍교회의 노래 잘하는 청년' 문성인을 소개받았다. 그의 노래 실력을 확인한 전용호는 1982년부터 문성인을 기청 광주연합회 행사에 초대해 노래 부르게 했다. 이렇게 광주의 문화운동에 참여하게 된 문성인은 1983년 임영희, 조경자 등과 '갈릴리문화선교단'을 조직해 기독교 복음성가 노래운동을 시작했다. 그는 이때 한신대 출신 채일선 전도사가 작곡한 〈십자가〉와 〈서시〉 등의 노래를 부르고 다녔다. 1984년에는 아시아자동차에 입사해 일하면서도 민중문화연구회 주최 '광주민중문화큰잔치' 등에 출연해 노래를 불렀다.

문성인은 체계적으로 국악을 공부해보라는 주변의 권유를 받아들여 1985년 전남대학교 예술대학 국악과에 피리 전공으로 입학했다. 앞서 밝힌 대로 그는 전남대 총학생회에서 주최한 신입생 환영회에 출연해 〈이 산하에〉를 불렀고 고규태는 시를 낭송했다. 그는 곧바로 전남대에 중앙노래패 '햇소리'를 조직해 대학 내의 노래운동을 전개했다. 1986년에는 광주 문화운동권의 지지를 받으며 사회노래패 '친구'를 만들어 5·18, 통일, 노동운동 등, 각 분야의 활동을 지원하면서 음악운동을 선도하기 시작했다. 이때부터 그는 본명 대신 예명인 정세현을 사용했다.

〈광주출전가〉는 1985년 이전에 창작된 듯하다. 1985년 3월에 처음으로 민중문화연구회에서 발간한 잡지 ≪광주문화≫에 실렸으며 노래책 『동트는 산하』에는 〈승리의 노래〉라는 제목으로 실렸다. 가사와 리듬이 지금의 노래와 약간 차이가 있다. 다음은 현재의 노래 가사와 〈승리의 노래〉 가사다.

노래패 '친구'의 전교조 집회 공연 모습('친구' 전영규 자료 제공).

〈광주출전가〉

1. 동지들 모여서 함께 나가자
무등산 정기가 <u>우리에게</u> 있다
무엇이 <u>두려우랴</u> 출전하여라
<u>영원한 민주화 행진을 위해</u>
<u>나가 나가 도청을 향해</u>
출전가를 힘차게 힘차게 부르세

2. 투쟁의 깃발이 높이 솟았다
혁명의 정기가 <u>우리에게</u> 있다
무엇이 <u>두려우랴</u> 출전하여라
억눌린 민중의 <u>해방을 위해</u>
<u>나가 나가 목숨을 걸고</u>
출전가를 힘차게 힘차게 부르세

〈승리의 노래〉

1. 동지들 모여서 함께 나가자
무등산 정기가 <u>우리게</u> 있다
무엇이 <u>두려웁냐</u> 출전하여라
<u>민족의 통일을 이룰 때까지</u>
<u>나가 나아가 출전가 함성</u>
출전가를 힘차게 힘차게 부르세

2. 투쟁의 깃발이 높이 솟았다
혁명의 정기가 <u>우리게</u> 있다
무엇이 <u>두려웁냐</u> 출전하여라
억눌린 민중의 <u>해방 때까지</u>
<u>나가 나아가 출전가 함성</u>
출전가를 힘차게 힘차게 부르세

이 노래는 5월운동 동안 〈임을 위한 행진곡〉, 〈오월의 노래 2〉와 함께 가장 중요한 레퍼토리가 되었다. 1985년, 5·18을 기념하기 위해 광주민중문화연구회가 제작한 노래극 테이프 ≪광주여! 오월이여≫에는 주제음악으로 쓰였다. 다른 민중가요들처럼 이 노래도 '노가바'되어 사용되었다. 예를 들어 1985년 8월 15일에 열린 기독교장로회 청년연합회 전국대회에 필요한 노래를 요청받았을 때 정세현은 이 노래의 앞부분 가사를 '기청년 동지들'로 바꾸어 주제가로 사용하기도 했다.* 다

---

*   이때는 노래의 제목을 〈기청출전가〉라 했다고 한다. 이에 관해 김상집은 〈기청

양한 집회에서 오랫동안 불리면서 노래의 제목에 혼돈이 왔다. 처음 의도는 〈광주출전가〉였으나 많은 사람들이 오랫동안 〈광주출정가〉로 알고 있었고 여러 종의 노래책에도 출정가로 오기되었다: 그러나 최근 5·18기념재단에서 출간한 ≪5·18정신계승 기념음반 1≫에는 제목을 〈광주출전가〉로 바로잡아 이 노래를 실었다.

마흔, 〈전진하는 오월〉

함께 완성한 노래

———

광주민중문화연구회에서는 1985년 5월을 맞으면서 5·18을 기념하는 노래극 테이프를 기획했다. 고규태, 박영정, 박선정, 임종수, 김경주, 정세현 등이 중심이 되어 진행했다. 내용은 1980년 5월 16일부터 27 일까지 5·18 이전의 중요했던 이틀과 10일간에 걸친 시민들의 항쟁 과정을 재현하는 것으로, 당시의 상황을 최대한 생생하게 재현하는 데 목표를 두었고 시인 고규태가 사실에 근거해 시나리오를 썼다. 노래극 ≪광주여! 오월이여≫의 트랙 내용은 다음과 같다.*

———

출전가〉의 가사를 최은기가 써왔으며 〈기청출전가〉가 원곡이라고 증언한다. 하지만 1985년에 제작된 노래극 테이프 ≪광주여! 오월이여≫에도 이미 노래 가 삽입되어 있는 것이나 다른 여러 자료를 비교해볼 때, 1985년 이전에 작곡되 었고 상황에 따라 가사를 조금씩 바꾸어 불렀던 것으로 보인다. 김상집 인터뷰 (2014.1.9; 2016.8.7).

1. 광주항쟁 현장 녹음(총소리와 5월 16일에 있었던 박관현 열사의 육성 연설)

2. 오월의 노래를 배경으로 김준태의 시 「아아 광주여! 우리나라의 십자가여」 낭송

3. 테이프 제작 배경(1980년 5월의 한국사회 상황 개관)

4. 사이렌과 계엄군 진입을 상징하는 군화의 행진 소리와 5월 정국과 독재 상황 보고

5. 광주의 5월 18일, 19일 일지와 시민들의 회상 증언(구타의 광경을 목격한 전주여고 1학년 학생, 여고생 시체를 목격한 남성, 공용터미널에서 있었던 총격전을 목격한 남성의 증언 등)

6. 편지낭송(여보 당신을 기다리다가 나는 죽었어요……) → 아기는 울다 지쳐(〈섬집아기〉의 '노가바')

7. TBC 텔레비전 뉴스 광주사태에 관한 왜곡된 뉴스(녹음) → 항쟁 일지(5월 18~21일)

8. 시민군 도청 탈환(5월 22일) → 〈광주출전가〉

9. 항쟁 일지(5월 22~26일): 목사, 신부, 학생, 교사, 민주인사 등 5·18사태 수습대책위원회 결성, 청소, 상가 열기, 범시민궐기대회, 헌혈, '우리는 왜 총을 들 수밖에 없었는가' 선언문 낭독 등에 관한 일지 → 〈광주출전가〉

10. 5차에 걸친 도청 앞 시민궐기대회 상황 재현(5월25일)

11. 〈혁명광주〉 연주

12. 계엄군 도청 진격과 최후 항전(5월 27일) 그리고 가두방송

• 정유하, 「음악운동」, 91~92쪽.

13. 도청 사수대 일지와 한 청년의 마지막 연설

14. 도청의 마지막 싸움에서 산화한 열사들(사망자 명단 발표) → 곡소리
   → 광주시민 장송곡 〈고이 잠드소서〉

15. 시 낭송: 「부활의 노래」

16. 〈죽창가〉

17. 〈전진하는 오월〉

위의 내용에서 볼 수 있는 것처럼 이 테이프는 1980년 5월 16일 도청 앞 분수대에서 있었던 '민족민주화대성회'에서의 '박관현 연설', 5차에 걸친 '시민궐기대회'의 실제 음원, 항쟁을 왜곡한 TBC 뉴스, 그리고 현장을 목격한 시민들의 증언 등을 노래와 시를 포함해 구성한 음악극이었다. 1985년에는 광주에 녹음실이 없었기 때문에 '소리모아' 멤버인 최준호가 운영하는 예림음악학원, 김경주와 박태홍의 화실, 유동 YWCA 7층에 있었던 CBS 스튜디오 등의 장소를 전전하며 녹음하면서 테이프는 제작되었다. 삼엄한 시기에 큰 용기로 만든 이 테이프는 비합법 테이프였으나 유료로 배포되었고 민문연의 재정을 보충해주는 재원이 되기도 했다. 이렇게 제작된 음악극에는 주로 광주에서 창작된 노래들을 실었다.

노래극의 마지막을 장식하는 〈전진하는 오월〉은 화가 김경주와 박태홍의 공동작이다. 1980년대 초반, 김경주와 박태홍은 광주에서 큰나무미술학원을 경영하고 있었다. 박태홍은 전남대 미술교육과를 졸업한 후 3~4년간 미술 교사로 근무하다 퇴직하고, 조선대 미술과를 졸업해 화가의 길을 가고 있던 김경주와 함께 미술학원을 시작한 것이다. 두 사람은 모두 음악에 재주가 있었다. 박태홍은 고등학교 시절부

전진하는 오월

고규태 글
김경주 · 박태홍 곡

터 기타를 치기 시작했고 1975년, 대학에 입학한 후부터는 음악성이 뛰어난 1년 선배 박문옥을 만나 의기투합해 음악활동을 시작했다. 1976년에는 1년 후배인 최준호가 합류해 세 사람은 전남대 '캠퍼스송 경연대회'에 나가 대상을 수상했고 1977년에는 같은 팀이 MBC 대학 가요제에 나가 동상을 수상했다.

1983년 후배 고규태가 큰나무미술학원을 방문했다. 그는 몇 편의 시를 가지고 와서 곡을 붙여달라고 했다. 고규태는 1979년에 전남대에 입학하여 용봉문학회에 가입해 임철우, 곽재구, 박몽구 등과 함께 문학활동을 했다. 그러다 1984년 광주민중문화연구회가 발족되자 동아리 친구들, 임동확 등과 함께 입회해 문학운동을 전개했다. 초대 대표는 임철우와 곽재구가 맡았고 그 뒤를 이어 1985년에는 고규태와 임동확이 맡아 문학패를 운영했다. 광주민중문화연구회는 후에 광주민중문화협의회로 확대되어 광주 문화운동의 산실이 되었다. 고규태에게서 김경주와 박태홍이 받은 시는 「금남로 사랑」, 「광주시민 장송곡」, 그리고 「전진하는 오월」이었다. 그들은 곧장 창작에 들어갔다. 김경주는 「전진하는 오월」을 가지고 작업을 시작했고 박태홍은 「금남로 사랑」과 「광주시민 장송곡」을 붙들었다. 김경주는 〈전진하는 오월〉을 작곡하다가 막혔다. 행진곡풍의 노래는 그의 스타일이 아니었다. 김경주는 박태홍에게 마무리를 부탁했고 그는 〈전진하는 오월〉을 완성할 수 있었다. 1984년에는 총학생회가 부활하면서 민주화를 요구하는 학내 시위가 잦아졌다. 이때 학생들은 〈전진하는 오월〉을 많이 불렀고 총학생회가로 지정되면서 학내 최고의 히트곡이 되었다.

1980년대 초반에는 서정적 단조의 민중가요가 많이 생산되었다. 〈전진하는 오월〉 역시 당시의 정서가 반영되었다. 작곡가는 〈전진하

노래극 ≪광주여! 오월이여≫ 재킷(전 광주민중문화연구회 전용호 회원 자료 제공).

는 오월〉이 4분의 4박자 행진곡임에도 불구하고 단조로 작곡했다. 그러나 가사는 결단과 다짐의 메시지를 담고 있다. "사슬을 끊고 전진하는 오월, 오늘은 물러서지 않으리"라며 씩씩한 기상을 노래한다. 악보는 1985년 광주민중문화연구회에서 발간한 노래책『동트는 산하』에 처음으로 실렸다.

마흔하나, 〈혁명광주〉
작사가와 작곡가의 팀워크가 낳은 노래
———

〈혁명광주〉는 고규태가 가사를 쓰고 정세현이 작곡한 노래다. 고규태는 전남대 불문과 출신으로 1984년에「민중시 1」을 발표하면서 시인 활동을 시작했으며 전술한 대로 광주에서 '일과놀이'를 조직하고 다음 해 광주민중문화연구회가 조직될 때 박영정, 임동확과 함께 문학분과를 중심으로 활동했다. 이 단체에서 문성인(예명 정세현)을 만나 둘은 가사를 쓰고 작곡을 하는 동역자가 되었다. 이들의 공동 작업으로 탄생한 노래로는 〈혁명광주〉외에도 〈광주출전가〉, 〈순이생각〉, 〈봄날의 코스모스〉 등이 있다. 정세현은 훗날 출가하여 범능이라는 법명으로 지내며 불교음악뿐만 아니라 환경운동 등 다양한 사회운동을 전개하면서 다시 시인 고규태와 함께 노래를 만들어냈다. 고규태와 작업한 노래 외에도 정세현은 〈민주, 아! 너를 부르마〉, 〈삼경에 피는 꽃〉, 〈천년와불〉, 〈나는 강이 되리니〉 등 수많은 곡을 창작했다.
　〈혁명광주〉는 광주민중문화연구회에서 최초로 발간한 노래책인

혁명광주

고규태 글
정세현 곡

흰 옷입은 민주혼이 부르는 언덕
헐 벗은 몸 짓눌린삶 참을수없어

햇 살맑은 망월묘지 우리형제여
팔 십만의 광주시민 함 께나 섰다

충 장로 금 남 로 굽 어 보며 웃 는형제여
숨 죽인 만 백 성 굴 레 벗 고 일 어 설때에

잊 으 리 그 대 넋 이 핏 물 되어흐르던날
최 전 선 총 탄 뚫 고 우 리 모두전 진하는

끓 는 피 총 을 들 고 전 진 하 는 혁 명 — 광 주
보 아 라 혁 명 전 사 용 맹 스 런 혁 명 — 광 주

어 깨 걸 고 나 가 자 매 판 외 세 부 수 자

살 아 오 는 이 오 월 에 총 을 들 고 싸 우 자

독 재 정 권 부 수 자 오 월 혁 명 동 지 — 여

『동트는 산하』에 실렸으며 노래극 ≪광주여! 오월이여≫에도 삽입되었다.

마흔둘, 〈노래 2〉

원고 속의 '노래' 〈죽창가〉

━━

1984년 초가을 무렵, 화가 김경주는 친구 이영진*에게서 시 묶음을 건네받았다. 이는 시인 김남주가 '남민전 사건'으로 징역 15년 형을 선고받고 교도소에 수감되어 있는 동안 감방에서 창작한 것들로, 우유갑 같은 곳에 못 같은 뾰족한 필기도구로 눌러 쓴 원고를 보고 타자기로 타이핑한 것이었다. 후일 시인의 부인이 되는 박광숙을 통해 은밀하게 전달받은 이 시들을 이영진은 시집 출판을 위해서, 또 표지 판화 제작을 의뢰할 겸 김경주에게 맡겨두었다. 김경주는 이영진과 함께 고등학교 시절부터 김남주가 경영하던 카프카서점을 드나들던 사이였다. 게다가 김경주의 친형이 시인 김남주와 동명이인이어서인지 혹자들은 김경주를 김남주 시인의 친동생으로 알고 있기도 했다.

　그 무렵, 지역 문단에서는 이영진 등이 김남주의 석방운동을 위해서 여러 가지 논의를 하다가 일단 그를 '남민전 사건에 연루된 간첩'이 아니라 이미 ≪창작과 비평≫ 등에 등단한 시인으로 인식시킬 필요가

———

• 　이영진은 오월시 동인 중 한 사람이다. 오월시 동인은 김진경, 박상태(박몽구),
　 나종영, 이영진, 박주관, 곽재구, 윤재철, 최두석, 나해철, 고광헌 등이다.

노래 2

김남주 시
김경주 곡

이 두메는날라와 더불어 꽃이 되자하네꽃 — 이 피어

눈 물로고여발등 에서갈라진 녹두 꽃이 되자하네 이

산 골은날라 와 더불어 새가 되자하네새 — 가 아

랫 녁웃 녘에서 울어 — 예는 파랑 새가 되자하 네 이

들 판은날라 와 더불어 불이 되자하네불 — 이 타는

들 넘어 둠을사르 — — 는 들불 이되 자하네 (들불이) 되

자하네되고 자하네 다시 한번이고을은 반 란이되자하 네 (반란이)

청 송 녹 — 죽 가슴에꽂 히는 죽 창 이되 자하 네

있다는 결론에 다다른 참이었다. 김경주는 시집의 표지 제작을 맡았고 넘겨받은 시 묶음 속의 시들을 반복해서 읽어보았다. 여러 시 가운데 유독 「노래」라는 제목의 시가 김경주의 관심을 끌었다. 김남주 시인 특유의 '사람들을 벌떡 일으켜 세우는' 듯한 치열한 목소리의 다른 시들과는 달리 두메, 산골, 들판, 꽃, 새, 불이 반복되다가 마지막 구절의 '죽창이 되자 하네, 죽창이 청송녹죽 가슴에 꽂히는 죽창이 되자 하네'라는 시어 속에서 남도 특유의 서정적 저항성이 느껴졌다. 김경주는 이 시를 반복적으로 읽다가 '남주 형이 노래로 만들라는 의도로 쓴 것인가?' 싶은 생각이 들어 낡은 기타를 들고 흥얼거려가며, 오선보에 노래를 적어나갔다.

노래를 완성한 김경주는 당시 친구 박태홍과 함께 운영하던 큰나무화실에 드나들던 이영진, 나종영, 나해철, 고규태, 임동확 등을 모아 놓고 만든 노래를 불러보면서 '노래가 어떤지'를 물었다. 친구들의 반응은 괜찮은 듯했다.

이듬해 '민중문화연구회'가 발족되자 주변에 있던 친구들과 함께 김경주도 미술분과위원회에 소속되어 활동했다. 민중문화연구회는 노래극 ≪광주여! 오월이여≫를 기획하면서 〈노래〉를 포함시키기로 했다. 〈노래〉는 노래극 ≪광주여! 오월이여≫와 함께 널리 알려졌다. 〈노래〉는 〈노래 2〉라고 부르기도 하고 〈죽창가〉라고도 알려져 있다. 김경주의 〈노래〉를 〈노래 2〉라는 제목으로 부르는 까닭은 서울대 '메아리' 출신 한동헌이 작사, 작곡한 〈노래〉가 이미 있었기 때문이다. 후에 김광석이 편곡해 〈나의 노래〉라는 제목으로 발표하여 더욱 잘 알려지게 된 노래다. 〈죽창가〉라는 별명이 붙은 것은 쉽게 짐작되는 바로, 노래를 부르는 자들의 뇌리에 자리 잡는 단어가 자극적인 '죽창'이기 때문일 것이다. 시의 음율과 선율이 반복되는 지점이 상당히 규칙적인데, 꽃·녹두꽃, 새·파랑새, 불·들불, 고을·반란, 마지막으로 죽창·죽창으로 진행되고 있다. 그리고 마지막 절의 주제어가 죽창이다. 동학을 노래하는 시에 동학혁명에서 사용되었던 죽창이 등장하는 것은 당연하지만 노래에서 죽창을 부르짖으니 매우 강렬하게 다가온다. 역시 김남주다.

〈죽창가〉에 관한 숨은 이야기가 있다. 광주 MBC방송국에서 근무하던 PD 오창규도 문화운동을 선도하던 이였다. 하루는 오창규가 김경주에게 전화를 했다. 그가 진행하고 있던 음악 프로그램에서 〈죽창가〉를 소개하자는 것이었는데, 앨범으로 발표된 노래가 아니었기 때문에 하루 전에 녹음해서 방송하자고 했다. 당시는 언론을 엄혹하게 감시·감독했을 뿐만 아니라 군사정권의 정보력도 신속한 시기였다. 김경주는 방송국을 방문해 직접 노래를 불러 녹음했다. 그런데 어떻게 알았는지 경찰서에서 녹음된 〈죽창가〉를 가져가 버렸다. 더 놀라운 것은 오창규가 한발 앞서 녹음테이프 복사본을 미리 준비해둔 것이다. 결국 숨겨둔 복사본으로 〈죽창가〉는 방송되었다. 하지만 결과는 참혹했다. 한동안 많은 청취자를 거느리고 있었던 오창규 PD의 프로그램은 폐지되었고 그는 전문 부서와는 전혀 상관이 없는 MBC TV방송국 촬영 관련 부서로 발령받았다. 〈죽창가〉를 알리려다 생긴 사건 중 하나였다. 그러나 그의 방송 활동을 종합해서 살펴보자면 그는 이 일 말고도 당시로서는 아슬아슬한 일을 많이 해왔던 사람이다. 〈오월의 노래 2〉를 방송에 내보낼 수 없었던 그는 〈오월의 노래 2〉의 원곡인 〈Qui a tué grand-maman〉을 자주 내보낸다든가, 당시로서는 광주 문화운동의 선구적 입장에 있던 YWCA의 행사들을 도맡아 진행하곤

했다.

〈죽창가〉는 느린 단조 서정가요로서 일반 민중가요처럼 떼창으로
부르던 노래는 아니었다. 이런 종류의 노래는 1980년대 중반 이후에
많이 작곡되었는데, 이는 당시 대학노래패들이 줄줄이 생겨나면서 공
연을 통해, 그리고 비합법 녹음테이프를 제작하고 보급하면서 알려졌
다. 이렇게 알려진 노래는 각종 단체나 학회의 회합 후 뒤풀이 자리에
서 막걸리를 마시면서 불렀다는 다수의 증언이 있다. 하지만 때로는
집회와 시위의 현장에서 부르기도 했는데 이때는 '죽창'을 '폭탄'과 같
은 단어로 바꾸었고 빠른 속도로 불렀다고 한다.

김경주의 손에 들어갔던 김남주의 시 묶음은 1985년에 『진혼가』
로 세상에 나왔다.

마흔셋, 〈동지〉
'나도 노래를 만들고 싶다'•

———

〈동지〉를 작곡한 박철환(1966~)은 1980년에 전라남도 나주에서 광주
로 유학온 숭의중학교 2학년 학생이었다. 중 2였던 그는 5·18을 다 이
해할 수는 없었지만 항쟁 동안 시민군으로 활약했던 형(박선재, 현 나주신
문사 대표)이 있어 막연하게나마 어떤 일들이 일어나고 있는지는 알 수
있었다. 박철환의 형은 1980년 5월 도청이 함락되던 27일까지 도청 지

———

• 박철환 인터뷰(2015.11.21)

동지

박철환 글, 곡

휘 몰아치는거센바 람 에도 부 딪쳐오는거센억 압 에도 우
세 상살아가는동안 에 — 도 우 리가먼저죽는다 해 — 도 그

리 는반드시모이었 — 다 마 주보았 다 살
뜻 은반드시이루리 — 라 승 리하리 라 통

을 에는밤 고 통받는밤 차 디 찬새벽서리 맞 으며
일 되는날 해 방되는날 희 망 찬내일위해 싸 우며

우 린맞 섰 다 사 랑 —
우 린맞 섰 다 투 쟁 —

영 원한 사 랑 변 치않 을동 지 — 여 사
영 원한 투 쟁 변 치않 을동 지 — 여 투

랑 — 영 원한사 랑 너 는 — 나 의동 지
쟁 — 영 원한투 쟁 너 는 — 나 의동 지

하실에서 총탄, 폭탄 등의 관리 업무를 충실하게 담당하고 있었으며, 도청 함락 후 계엄사에 잡혀가 38일간 구류를 살다 풀려난 5·18의 직접 경험자다.

그때로부터 5년 후, 박철환은 전남대학교 공과대학 전기과에 입학했다. 1985년은 무력으로 광주를 진압했던 전두환이 아직 대통령직에 있었고 '국가보안법' 및 '집회와 시위에 관한 법률' 위반 혐의로 김근태전 국회의원과 같은 사람들을 구속하던 시절이었다. 그는 외부적으로는 독서클럽이지만 실제로는 소위 이념서클이라고 불리는 '황토'에 입단했다. 박철환이 '황토'에 입단해 처음으로 읽었던 책이 『역사란 무엇인가』와 『철학이야기』였으며 이곳에서 읽은 책들이 그에게 사회를 올바르게 바라볼 수 있는 눈을 열어주었다. 당시 그의 누나는 전남대 총여학생회 회장으로 활동하고 있었다. 시민군으로 활약했던 형, 총여학생회 회장 누나, 그리고 박철환의 활동 덕분에 그의 가족은 운동권 집안이라고 사람들이 말했다고 한다.

대학에서 그는 〈오월의 노래 2〉, 〈임을 위한 행진곡〉, 〈청산이 소리쳐 부르거든〉, 〈선봉에 서서〉 등을 부르며 시위에 참여했다. 기타를 연주할 수 있었던 그는 노래가 좋았다. 시골에서 살았지만 교육열이 높았던 그의 부모님은 박철환이 인문계 고등학교에 진학하면 기타를 사주겠다는 약속을 했다. 인문계 고등학교에 입학한 그에게 부모님은 약속대로 기타를 사주었고, 기타를 잘 치던 옆방 형에게 기타를 배웠다. 덕분에 고등학교 시절 소풍 때마다 앞장서서 기타 치고 노래 부르는 학생이 된 그는 대학에서 시위하는 동안 자신도 그런 노래를 작곡하고 싶었다. 겨울방학 동안 기타를 치며 선율을 만들고 가사를 붙여 노래를 만들었다. 이때 만들어진 노래가 1980년대 후반에 전국을 강타한 민중가요 〈동지〉다.

박철환이 대학에 머물러 있던 1985년 후반에서 1986년에 진보 진영에서는 NL과 PD의 이념 논쟁이 뜨거웠다. 매우 소모적이며 비이성적인 대립의 시대였다. PD 계열의 조직에서 집회를 주도하면 NL은 참여하지 않았다. 반대로 NL이 시위를 주도하면 PD 계열의 조직에서는 다른 행사를 함으로써 함께하는 것을 피할 정도로 비협조적인 분위기가 계속되었다. 박철환이 활동했던 조직이 NL에 속해 있어 그가 만든 〈동지〉는 NL의 노래가 되었다. 조직 경쟁 이기주의가 바탕에 깔려 의도적으로 더 열심히 불렀던 것 같다고 그는 말한다. 덕분에 노래는 광주에서 쉽게 확산되었다. 1986년, 숙명여대 학생들이 전남대를 방문해 〈동지〉를 들었다. 투쟁적이고 씩씩한 노래가 마음에 들었는지 자신들도 이 노래를 배우고 싶다면서 악보를 가지고 상경했다. 그 덕분인지 노래는 삽시간에 전국으로 퍼져나갔다.

1980년대는 노래를 누가 작사, 작곡을 했는지가 중요한 시대는 아니었다. 한편으로는 공안정치 상황하에서 이러한 노래의 작곡가가 자신이라는 것을 알리기 꺼리던 시대기도 했다. 그래서 많은 창작자가 예명으로 노래를 발표하기도 했다. 전국의 학생들이 그의 노래를 불러 댔으나 많은 다른 노래가 그랬던 것처럼 〈동지〉는 작자 미상으로 알려졌다. 박철환은 1987년 대학을 떠나 농민운동에 투신했다. 고향 나주를 중심으로 활동하던 그는 지역 간의 협력을 위해 전국의 농민운동 현장을 자주 방문했다. 1987년에는 이미 전국에서 부르는 노래였으므로 많은 현장에서 자신의 노래를 들을 수 있었다. 흐뭇한 마음에 때때로 자랑스럽게 자신이 작곡한 노래라고 말해도 사람들은 믿어주지 않았다고 한다. 필자가 인터뷰를 요청했을 때, 그는 감사하다고 했다. 그

동안의 답답한 심정을 조금이나마 해소할 수 있기 때문일 것이다.

2015년 겨울에 방영된 드라마 ≪응답하라 1988≫에 서울대 운동권 여학생 성보라가 씩씩하게 〈동지〉를 부르는 장면이 나왔다. 당시에 이 노래가 얼마나 많이 불렸는지 짐작해볼 수 있는 순간이었다.

마흔넷, 〈새〉
아직도 작자 미상의 곡, 혹시 공동작일까?
———

사회운동에 관심이 많았던 79학번 지인에게 5월운동이 진행되는 동안 많이 불렀던 노래를 알려달라고 주문했을 때, 그는 이 노래의 제목을 알려주며 노래를 불러주었다. 전혀 투쟁성은 없게 들렸고 패배 혹은 좌절감이 절절한 가사와 가락이 슬펐다. 그래서 그런지 집회나 시위의 현장보다는 술자리에서 많이 불렀다고 한다. 여러 권의 민중가요 책 중에서 가장 먼저 〈새〉를 실은 것은 1984년에 고려대학교 노래얼이 발간한 『노래얼』 3집과 1985년에 광주민중문화연구회가 발간한 『동 트는 산하』이다. 『노래얼』 4집은 1987년에 발간되었는데 이때에는 김지하의 시 「새」와 더불어 「새 2」가 첨가되었다.

김지하의 시 「새」는 1982년에 발표한 김지하 시선집 『타는 목마름으로』의 '제1부 황토 이후'에 실려 있다. 김지하는 서울대 미학과 재학 중에 4·19혁명과 5·16군사정변, 6·3사태 등을 고스란히 겪었다. 1964년에 한일회담을 반대한 학생 시위에 가담했다가 체포되어 4개월간 옥살이를 했고, 1970년에 재벌, 국회의원, 고급 공무원, 장성, 장차

새

김지하 시
고려대 노래얼 곡

저 — 청 한 하 늘 저 — 흰 구 름 왜 — 나 — 를 울 리 나　밤 새
낮 이 밝 을 수 록 어 두 위 가 는 암 흑 속 — 에 별 — 밭　청 한

위 물 어 뜯 어 도 닿 지 않 는 마 지 막 살 의 그 리 움　피 만
하 늘 푸 르 른 저 산 맥 넘 어 멀 리 떠 나 가 는 — 새　왜 날

흐 르 네 더 운 여 름 날 썩 은 피 만 흐 르 네　함 께
울 리 나 눈 부 신 햇 살 새 — 하 얀 저 구 름　죽 어

답 세 라 아 — 끝 없 는 새 하 얀　사 슬 소 리 여
나 되 는 날 의 아 득 함 아 — 묶 인 이 가 — 슴

관의 부패와 비리를 질타한 담시 「오적」을 발표해 '반공법' 위반으로 투옥되었다. 1974년에 '전국민주청년학생총연맹 사건'의 연루자로 다시 체포되었고 긴급조치 4호 위반 혐의로 사형 선고를 받았으나 1975년 2월, 형 집행정지로 석방되었다. 1975년 '인혁당사건'으로 또다시 구속되었고 1980년 12월, 형 집행정지로 석방되었다. 독재 정권에 이토록 치열하게 저항했던 시인은 「새」에서 억압적인 현실과 절망으로 인한 고통을 탄식하면서 자유에 대한 갈망을 표현하고 있다. 이 시대를 살았던 깨어 있는 자들이 모두 느꼈을 정서다. 많은 공감을 얻었던 시이기에 노래의 가사로 선택되었을 것이다. 박철환의 〈동지〉가 그랬듯이 1980년대에는 많은 노래가 작곡자의 이름을 밝히지 않은 채로 발표되었다. 이 노래도 많은 노래집에 작곡자는 명기되지 않은 채 실려 있다. 다만 1984년에 발간된 『노래얼』 3집과 2000년에 발간된 개정증보판 『우리시대의 노래』에는 노래얼 작곡으로 기재되어 있는 것으로 보아 노래얼의 패원들의 공동 창작곡일 가능성이 크다.

서정가요에 속하는 〈새〉는 장조의 노래인데도 선율이 애잔하다. 이는 처음 진행하는 7마디의 선율이 장3화음(Major chord) 내에서도 단3도(미와 솔)를 오가고 있기 때문이다. 처음부터 의도를 가지고 했는지는 모르지만 시의 정서를 표현하는 데는 탁월한 선택으로 보인다. 노래 가사는 시의 전문을 다 사용하지 않고 노래 선율에 맞게 발췌하고 고쳐서 쓰고 있다.

마흔다섯, 〈그날이 오면 1〉

노래극 ≪불꽃≫의 주제가*

〈그날이 오면 1〉**은 청년 노동자 전태일의 삶을 재현한 음악극 ≪불꽃≫의 구성곡이다. 주인공 전태일은 1948년에 태어나 1966년부터 평화시장의 의류 제조 회사에서 재단사로 일하면서 노동자들의 노동환경과 근로조건이 매우 열악함을 알게 되었다. 이를 시정해보고자 여러 가지를 시도해보았다. 동료들과 함께 '바보회'를 조직해 노동운동을 전개하기도 했고, '근로기준법'이 있음을 알게 되어 책을 들고 다니면서 연구하기도 했다. '근로기준법'에 근거해 근로조건을 개선하려고 백방으로 노력했으나 그의 요구는 번번이 묵살당했다. 그는 마지막 수단으로 죽음을 선택했다. 1970년 11월에 평화시장 입구에서 손에는 『근로기준법』 책을 든 채로 온몸에 휘발유를 끼얹고 라이터로 불을 지폈다. 불길에 휩싸인 그는 "근로기준법을 준수하라, 우리는 기계가 아니다, 일요일은 쉬게 하라, 노동자들을 혹사하지 말라, 내 죽음을 헛되이 말라!"고 외쳤다.

서울대 법대를 졸업하고 고시 공부를 하던 조영래는 이 소식을 듣고 전태일의 장례식을 돌봐주는 등 그와 관련한 일에 깊이 관여했다. 후에 인권변호사가 되어 활동하던 조영래는 민청학련 사건 관련자로

• 　문승현 구술(2015.11.25). 이 글은 2015년 5·18기념재단에서 진행한 5·18정신계승 기념음반의 동반 책자에 실린 필자의 글을 바탕으로 재구성한 것이다.

•• 　〈그날이 오면〉은 같은 제목으로 4개의 노래가 있다.

≪그날이 오면≫ 테이프 재킷.

수배되어 6년간 쫓기는 생활을 했다. 그는 수배 생활 동안에 전태일의 삶을 정리한 『어느 청년노동자의 삶과 죽음』을 써서 1983년, 익명으로 출판했다.* 이 책은 발간과 동시에 '판매 금지' 조치를 당했지만 수없이 읽히면서 전태일을 세상에 알렸고 노동운동의 고전이 되어 노동계가 점차 사람들의 관심을 받게 되었다.

1985년에 도시산업선교회에서 노동자들을 위한 기타반을 운영하고 있던 서울대 노래모임 '메아리' 출신 김영인(본명 김보성)은 노래모임 '새벽'의 단원으로 활동하며 역시 노동자 기타반을 함께 운영하고 있던 문승현과 표신중에게 '노동자들을 대상으로 공연을 하자'는 제안을 했다. 고려대 연극회 출신으로서 고려대 노래모임 '노래얼'을 창단했던 표신중과 서울대 '메아리' 출신 문승현은 의기투합해 공연 제목을 ≪불꽃≫으로 정하고 준비 작업에 들어갔다.

---

* 조영래, 2001, 『전태일평전』, 돌베개. 조영래는 서울대 전체 수석으로 법과대학에 입학한 수재로 1971년 사법시험에 합격했다. 사법연수원 시절 '서울대생 내란음모 사건'으로 구속되어 1년 6개월의 실형을 선고받았다. 1973년에 만기 출소한 후 다시 '민청학련 사건'의 관련자로 수배되어 6년간 피신했는데 이때에 전태일의 수기를 바탕으로 평전을 썼다. 그는 10·26 이후 복권되어 1980년 사법연수원에 복직해 1982년 9월 변호사 생활을 시작했다.

그날이 오면 1

문승현 글, 곡

한밤의꿈-은-아니리 오랜 고통 다한 후에 내

형제빛-나는-두눈에 뜨거운눈물들 한

줄기강-물로흘 -러 고된 땀방울함께흘러 드

넓은평-화의-바다에 정의의물결 넘-치는꿈

그 날 이 오 면 그 날 이 오 면 내

형제그리운얼굴들 그아 픈추억도 아아

짧았던내-젊-음-도 헛된꿈이-아니었으리

그 날 이 오 면 그 날 이 오 면

연극회 출신 표신중은 조영래가 쓴 『어느 청년노동자의 삶과 죽음』을 바탕으로 대본을 썼고, 이미 다수의 창작곡을 발표한 경험이 있는 문승현은 주제곡을 만들어나갔다. 시간이 넉넉지 않았던 그들은 책의 글을 발췌해 공연의 내레이션으로 극을 이끌어나가게 했고 중간중간에 노래를 삽입하기로 했다. ≪불꽃≫에 삽입된 노래들 중에서도 가장 잘 알려진 〈그날이 오면 1〉은 분신하기 전날 전태일의 심경을 표현한 노래다. 문승현은 이 노래를 만들면서 책이 뿜어내는 향취와 이미지를 음악으로 고스란히 옮겨놓아야 한다는 생각에 7일 밤을 새우면서 노래 가사와 선율을 써내려갔다. 그의 의도는 성공한 것 같다. 이 노래를 부를 때마다, 혹은 들을 때마다 전태일의 절절했던 심정이 고스란히 전해져 온다. 문승현은 단어 선택에 매우 신중한 창작자다. 그래서 노래가 불리고 주변으로 전해지는 동안 그의 의도가 왜곡되는 것이 안타깝다. 이 노래도 누군가에 의해서 '빛나는 눈물들'이 '뜨거운 눈물들'로, '짧은 추억'이 '아픈 추억'으로 가사가 바뀌었다. 문승현은 가사를 바꿔 부른 그들이 원망스럽다고 말한다. 창작자는 '어느 청년 노동자, 전태일'을 재현하기 위해 무게, 넓이, 눈부심의 이미지가 꼭 필요했고 '빛나는 눈물들'과 '짧은 추억'은 이를 위해서 사용한 요소들이었다고 말한다.•

전태일의 삶이 처절했지만 끝내 빛났던 것처럼 문승현의 노랫말도 처연한 슬픔과 아름다움으로 빛나고 있다. 작사·작곡자 문승현은 1977년 서울대 공대에 입학했으나 공대에서 공부를 해보니 자신이 원하는 것이 아니었다. 다시 입시를 준비해 1978년 사회대 정치학과로 재입학했다. 비교적 안정된 환경에서 자란 그는 어려서 피아노를 배웠

———
• 문승현 구술(2015.11.25).

고 중학교 시절에는 기타를 익혀 중 3 때는 가톨릭센터에서 콘서트를 열기도 했다. 이러한 음악적 배경을 가진 문승현은 1978년 가을, 친구들이 활동하고 있던 노래패 '메아리'에 입단했고 1979년에는 회장을 맡았다. 이 무렵 '메아리'에서는 창작곡 붐이 일었다고 한다. 이때부터 그들의 정기 공연은 멤버들의 창작곡으로 채워지기 시작했고, 그들의 창작곡은 사회를 향한 강한 의사표현의 창구가 되었다. 문승현은 노래의 가사를 쓰기 위해 수많은 시를 읽었다. 고모인 시인 문정희의 영향인지 그의 노랫말은 시적이며 함축적이다. 그는 투쟁적인 노래를 만들기보다는 '예술적 완성도'에 중요한 가치를 두며 창작에 임했다.

문승현은 졸업 후 본격적으로 음악운동에 투신한다. 고시 공부를 하라는 아버지의 요구를 외면하고 집을 나선 문승현은 1984년에는 민중문화운동협의회 산하에 노래모임 '새벽'을 만들어 활동했고 1986년에는 비합법 테이프 앨범 《그날이 오면》을 제작·배포했다. 문승현의 활동에서는 김민기의 도움을 받아 1984년에 김제섭, 조경옥 등 대학노래패 초창기 멤버들과 함께 만든 《노래를 찾는 사람들》 1집 출반이 대중을 향한 첫 출발이었을 것이다. 그러나 첫 음반은 큰 반향을 일으키지 못했다. 1987년에 문승현은 음반의 제목이었던 '노래를 찾는 사람들'을 노래패의 이름으로 걸고 그룹을 결성해 한국기독교회관에서 공연을 개최했다. 그들은 공연을 매우 성황리에 마칠 수 있었다. 그 후로 공연에서 연주되었던 노래들을 바탕으로 《노래를 찾는 사람들》 2집을 출반했고 큰 성공을 거두었다. 우리나라에서 일어났던 음악운동, 그리고 민중가요의 생산에서 문승현은 매우 중요한 공로자이며 큰 물줄기의 중심에 있었다. 이처럼 1980년대의 음악운동을 주도하던 그가 1991년 어느 날, 느닷없이 모스크바로, 1993년에는 파리로 건너가 서

양음악을 공부했다. '노래'보다 조금 더 큰 형식 안에 자신의 얘기를 담아야겠다는 생각에서였다. 언제 끝날지는 모르지만 지금 그러한 작업을 진행하고 있다고 한다. 그의 주도로 또 다른 모양의 음악운동이 전개될지도 모를 일이다.

마흔여섯, 〈사계〉
신나는데 슬픈 노동가요
—

노래 〈사계〉는 독특하다. 경쾌한 리듬과 템포, 그리고 아름다운 노랫말로 노동자들의 일상을 노래하는 동안 마음이 슬퍼진다.

> 빨간 꽃 노란 꽃 꽃밭 가득 피어도
> 하얀 나비 꽃 나비 담장 위에 날아도
> 따스한 봄바람이 불고 또 불어도
> 미싱은 잘도 도네 돌아가네

1984년, 군 복무를 마친 문승현은 노래모임 '새벽'의 활동을 시작했고 1986년 초에는 노동자 교회인 산업선교회에서 노동자 기타반을 운영하면서 노동자들을 만나 그들에게 노래, 기타 등을 가르치며 그들과 일상을 나누기도 했다. 그러면서 그들의 삶은 비참함으로만 다 표현할 수 있는 것이 아니라, 보통의 삶이 갖는 모든 희로애락도 있음을 보았다. 그러한 깨달음이 이 노래에 밝은 선율로 나타난 것 같다.

사계

문승현 글, 곡

1986년에 노래모임 '새벽'에서는 후배들의 연기 워크숍을 위해서 ≪부설학교≫ˑ를 극으로 만들었다. 문승현은 워크숍의 막바지에 필요했던 두 개의 노래를 작곡해주었고 그중 하나가 〈사계〉다. 이 노래는 후에 민중문화운동연합의 비합법 테이프와 노래집을 통해 발표되었다. 그리고 다시 합법적인 음반인 ≪노래를 찾는 사람들≫ 2집에 실려 대중화되었다.

1980년대에는 비합법 테이프가 사회과학서점을 통해서 전국의 학생들에게 배포되었다. 특별한 홍보 수단이 없어도 노래 테이프는 잘 팔렸으며 노래는 단시간에 전국적으로 확산되었다. 그리고 비합법 테이프의 수익은 여러 분야의 사회운동에 큰 도움이 되었다고 한다. 광주에서는 1980년대 초반부터 문화운동이 전개되고 있었고 앞서 기술한 대로 이미 노래극이나 노래 테이프를 만들어 비합법 테이프를 생산해 전국에 배포하고 있었기 때문에 이와 같은 노래의 유통 과정에 익숙해져 있었다. 더구나 학생·청년 운동권들의 노래 사랑이 특별한 까닭에 새로운 노래들도 순식간에 퍼졌다. 〈사계〉도 학회와 서클을 통해서 학생들의 입에서 입으로 금방 퍼져나갔다.

대부분의 민중가요는 율동을 동반하기 쉬운 4분의 4박자로 작곡되어 있다. 가끔 문승현의 〈오월의 노래 1〉, 김민기의 〈소금땀 흘리흘리〉, 〈식구생각〉과 같은 4분의 3박자나 8분의 6박자의 노래는 발견할 수 있어도 4분의 2박자의 노래는 거의 찾기가 어렵다. 〈사계〉는 4분의 2박자로 작곡되었다. 문승현은 매우 **빠른** 호흡의 노래를 만들고 싶었

• 　이영미, "문승현론", 김창남 외, 『노래』 4집, 실천문학사, 210쪽. ≪부설학교≫
　는 이혜숙의 동명 소설을 바탕으로 한 노래 방송극이다.

던 모양이다. 더구나 2박의 짧은 마디는 다시 한 박마다 코드의 변화가 있다. 이러한 노래를 화성적 리듬이 빠르다고 말한다. 이미 빠르기와 박자로도 빠른 호흡의 곡인데 화성적 리듬까지 빨리 진행되면서 쉼 없이 돌아가는 미싱을 표현하는 데 큰 성공을 거두었다. 이영미는 이 노래의 리듬을 3·3·7박수의 경쾌함을 가졌다고 평했다.* 노래를 부르며 박수를 쳐보시라. 정말 3·3·7박수의 리듬이다.

마흔일곱, 〈솔아 솔아 푸르른 솔아〉
첫 히트 민중가요와 첫 히트 앨범 ≪노래를 찾는 사람들≫ 2집
—

1980년대 중반, 공안정국의 시대를 살아가고 있던 대중에게 깜짝 놀랄 만한 노래들이 들려오기 시작했다. 물론 대학가에서는 이미 1970년대 중반부터 많은 노래가 떠돌아다니고 있었고, 1980년대 초·중반에 수많은 비합법 민중가요 테이프들이 사회과학 서적을 파는 서점들을 중심으로 보급되고는 있었으나 대중매체를 통해서는 아니었다. 그런데 소위 민중가요라는 노래가 합법적인 음반으로 출시되고 그 노래들을 방송에서 들을 수 있게 된 것이다. 그 시작은 우연한 기회였다.

김민기는 1984년 서라벌레코드사의 요청을 받아서 노래극 ≪개똥이≫를 음반으로 만드는 작업을 진행하고 있었다. 많은 가수가 필요했던 그는 노래모임 '새벽' 구성원들과 함께 작업을 진행했다. 김민기의

———
* 이영미, 1993, 『노래이야기주머니』, 168쪽.

≪노래를 찾는 사람들≫ 1집(재발매된 노찾사 1집의 앨범 재킷).

노래들은 박정희 정권의 검열을 통과하지 못했다. 그러나 그는 이미 음반사로부터 계약금을 받은 상태였기 때문에 대신 노래모임 '새벽'의 노래들로 새로운 음반을 만들기로 했다. 이렇게 태어난 음반이 ≪노래를 찾는 사람들≫ 1집이다. 물론 이들의 노래도 심의를 통과해야만 했다. 예상대로 일부는 심의를 통과하지 못했고, 결국 비판적 시각이 다소 누그러진 노래들만이 이 음반에 실릴 수 있었다. 이 음반에 실린 노래는 다음과 같다.

Side A

1. 갈 수 없는 고향 (박미선 노래 / 한돌 작사·작곡)

2. 바람 씽씽 (여자들 남자들 노래 / 한동헌 작사·작곡)

3. 산하 (김병준 노래 / 김병준 작사·작곡)

4. 내 눈길 닿는 곳 어디나 (조경옥 노래 / 김창남 작사 / 문승현 작곡)

5. 그루터기 (남자들 노래 / 한동헌 작사·작곡)

Side B

1. 일요일이 다가는 소리 (설문원 노래 / 김기수 작사·작곡)

2. 빼앗긴 들에도 봄은 오는가 (어린이들 노래 / 이상화 시 / 변규백 작곡)

3. 기도 (박미선 노래 / 김소월 시 / 문승현 작곡)

4. 바다여 바다여 (조경옥 노래 / 이봉신 시 / 조경옥 작곡)

5. 너와 내가 (건전가요 / 조영남 노래)

그러나 이 음반은 발매 당시에는 시중에 유통되지 못했다. 1987년 6월항쟁 이후 서울음반에서 재출시해 본격적으로 유통되었고, 1989년 발표된 2집의 대중적인 성공이 사람들의 관심을 1집으로 모아주기도 했다.

≪노래를 찾는 사람들≫ 2집은 1989년 10월 1일에 출시되었다. 1987년 10월 13~14일에 한국교회 100주년 기념관에서 개최한 '노래를 찾는 사람들'의 제1회 정기공연이 큰 성황을 이루었고 1987년 6월항쟁의 민주화 열기에 힘입어 1집보다는 대담한 노래들이 실릴 수 있었으나 역시 이때도 〈임을 위한 행진곡〉이나 〈백두에서 한라, 한라에서 백두로〉는 심의를 통과하지 못했다. 그러나 2집은 대중들의 뜨거운 사랑을 받았고 80만 장의 판매고를 올리면서 민중가요의 대중화에 큰 공을 세웠다. 다음은 2집에 실린 노래들이다.

1. 솔아 솔아 푸르른 솔아 (노래를 찾는 사람들 노래 / 안치환 작곡)

2. 광야에서 (노래를 찾는 사람들 노래 / 문대현 작사·작곡)

3. 사계 (노래를 찾는 사람들 노래 / 문승현 작사·작곡)

4. 마른 잎 다시 살아나 (노래를 찾는 사람들 노래 / 안치환 작사·작곡)

5. 그날이 오면 (노래를 찾는 사람들 노래 / 문승현 작사·작곡)

6. 저 평등의 땅에 (노래를 찾는 사람들 노래 / 류형수 작사·작곡)

7. 이 산하에 (노래를 찾는 사람들 노래 / 문승현 작사·작곡)

8. 오월의 노래 (노래를 찾는 사람들 노래 / 문승현 작사·작곡)

≪노래를 찾는 사람들≫ 2집(노찾사
2집의 앨범 재킷).

9. 잠들지 않는 남도 (노래를 찾는 사람
들 노래 / 안치환 작사·작곡)

≪노래를 찾는 사람들≫ 2집은
나온 지 두 달 만에 10만 장이 넘게
팔렸다. 그 앨범의 첫 곡은 〈솔아 솔
아 푸르른 솔아〉였다. 1989년 12월
21일 자 ≪한겨레신문≫은 "MBC
≪푸른 신호등≫에서 전대협 의장

임종석이 경찰에 잡혔다는 소식을 전하면서 〈솔아 솔아 푸르른 솔아〉
를 틀었다"는 기사를 실었다. 이러한 일이 가능했던 것은 그 며칠 전,
이 노래가 MBC 라디오 프로그램 ≪금주의 인기가요≫에서 비트로트
부문 20위에 올라 이미 전파를 탔었기 때문이라고 ≪한겨레신문≫은
밝혔다. 1980년이 저물어가고 있는 그때까지도 민중가요가 공중파를
타고 세상으로 나가는 것이 그만큼 놀라운 사건이었던 것이다.

〈솔아 솔아 푸르른 솔아〉는 가수 안치환이 작곡한 곡이다. 그가
학생이던 1986년에 연세대 총학생회장 선거에 출마한 후보를 위해 만
들었다고 한다. 지지했던 후보는 떨어졌으나 그해 총학생회 발대식에
나가 〈솔아 솔아 푸르른 솔아〉를 불렀고, 1987년 대학 신입생 오리엔
테이션에서도 〈솔아 솔아 푸르른 솔아〉를 불렀다. 후에는 연세대학교
학생들이 다함께 부르는 연세대의 노래가 되었다.

안치환은 가사를 박영근의 시집 『취업공고판 앞에서』에 실린 〈솔
아 솔아 푸르른 솔아〉 일부와 〈들잠〉에서 몇 대목을 발췌해 완성했다.
1958년생인 시인 박영근은 지방 명문고인 전주고등학교를 중퇴하고

솔아 푸르른 솔아

안치환 글, 곡

거 센 바람이 불―어와서 어머님의 눈물이

가 슴속에 사무쳐오는 갈 라진이세상에 민

중 의넋이 주―인되는 참 세상자유위 하여

시 퍼렇게 쑥물들어도 강 물저어가리 라

솔 아솔아푸르른솔아 샛 바람에떨지마 ―라

창 살아래 네가묶인곳 살 아서만나리 라

악보의 노래 제목이 〈솔아 푸르른 솔아〉라고 되어 있는데, 이는 실제로 민중가요 책
에 이렇게 나와 있기 때문이다.

노동자가 되었다. 그래서 그의 시는 노동자의 눈으로 바라보는 세상을 표현한다. 민중문화운동협의회, 자유실천문인협의회 등의 회원으로, 민중민족 문화운동을 벌였던 1980~1990년대의 대표적인 민중시인이자 노동시인이다. 『취업공고판 앞에서』는 그의 나이 스물여섯 살이던 1984년에 펴낸 첫 시집이었다.

안치환은 연세대학교 신학대학 사회사업학과(84학번) 출신으로 연세대 노래패 '울림터' 회원이었다. 1986년부터 노동자 문화예술운동연합 산하 노래패 '새벽'에서 활동하기 시작했는데 이때 노동자시인 박영근의 시를 접했을 것 같다. 1988년, 졸업 후에는 '노래를 찾는 사람들'에 합류했고, 1989년 노찾사의 2집 음반 작업을 함께하면서 〈솔아 솔아 푸르른 솔아〉를 포함시킨 것이다. 1990년에는 솔로로 독립해 활동을 시작했고 1996년에는 밴드 '자유'를 결성해서 지금은 '안치환과 자유'로 활동하고 있다. 그는 〈철의 노동자〉와 같은 강렬한 노동가요부터 〈내가 만일〉과 같은 달콤한 대중가요까지 레퍼토리 스펙트럼이 넓다. 노랫말이 아름다운 〈사람이 꽃보다 아름다워〉, 제주 4·3을 노래하는 〈잠들지 않는 남도〉, 혁명시인 김남주의 시를 노래로 만든 〈자유〉 등 많은 노래가 알려져 있다.

이미 대중가요처럼 방송을 타고 전 국민에게 들려오기 시작한 노래는 광주 5·18민주화운동 기념행사의 전야제, 거리음악제, 5월운동과 관련한 각종 행사, 그리고 다른 분야의 사회운동 행사에서도 자주 들을 수 있는 노래가 되었다. 2016년 11월 26일 박근혜 대통령의 하야를 외치는 광화문에서는 안치환이 〈사람이 꽃보다 아름다워〉를 〈하야가 꽃보다 아름다워〉로 '노가바'해 불렀고, 이어 〈자유〉를 노래함으로 광화문의 촛불 함성을 더욱 거세게 만들었다. 같은 날 광주의 금남로에서도 7만의 시민이 '5월어머니합창단'과 함께 〈솔아 솔아 푸르른 솔아〉를 제창했다.

마흔여덟, 〈광주여 무등산이여〉

동쪽 사람이 만들고 부른 서쪽의 노래

———

민중가수이자 작곡가 윤민석은 1988년 5월에 노래극을 공연하려고 계획하면서 〈광주여 무등산이여〉를 먼저 작곡했다. 그는 기억할 수 없는 어떤 자료에서 5월에 관련된 시*를 보았는데 마음에 들어 몇몇 구절을 빌려 가사를 썼다고 한다. 하지만 끝내 노래극은 완성시키지 못했고, 〈광주여 무등산이여〉는 독립된 노래로 알려져 광주에서 5월운동이 진행되는 동안 광주의 힘이 되어주었다. 그런데 작곡가 윤민석은 경북 영주 출신이다. 그는 어떻게 광주를 노래하게 되었을까?

한양대에 입학한 윤민석은 대학 생활을 마무리해갈 무렵, 사회과학서점에 가서 운동권 학생들의 학습 커리큘럼을 구해 독학하면서 사회를 비판적으로 바라보는 시각을 얻게 되었다. 그 무렵 우연히 보게 된 광주 5·18민중항쟁의 사진은 그에게 큰 충격을 주었다. 머리가 터져 있는 모습, 시체들이 쌓여 있는 광경, 곤봉으로 시민을 때리고 있는 장면 등 고등학교 시절 선생님의 설명과는 사뭇 달랐다. 선생님의 설

———

* 윤민석은 시를 정확하게 기억하지 못했다. 가사에 사용된 시어들을 보아 김준태 시인의 "아아, 광주여 무등산이여"를 본 것이 아닐까 짐작한다.

광주여 무등산이여

윤민석 글, 곡

광주여 오욕의 식민지 그대를 뚫고 부서

지리라 깨 — 어지리라 분노의 큰 불길로 광주

여 그대와 함께 가 — 기 위하여 핏빛

깃발로 아 — 우 성치는 위대한 혁명이여 무등

산이여 숨죽여 있던 붉은 원혼의 일어섬이여 노래

부르며 함 — 께 가리라 동학에서 오월로 무등

산이여 피할 수 없는 이 길 쓰러져 일어섬이여 북소

리 높여 진 — 군 하리라 오월에서 통일로 무등 로

명에 따르면 1980년 5월, 광주에서 일어났던 일들은 '빨갱이들이 한 짓'이었다. 그런데 사진들은 그런 것 같지 않았다. 이러한 일련의 경험을 하면서 윤민석은 노래로 사회운동에 참여하기로 결단했다. 한양대에서 노래패를 준비하고 있던 노래꾼들, 김종석, 유영선 등을 소개받아 그들과 함께 한양대 노래패 '소리개벽'을 창단해 활동을 시작했다. 그가 처음으로 창작한 노래는 1987년에 한양대 총학생회 회장이 87년 6월의 투쟁을 준비하면서 단식하는 모습을 보면서 만든 〈사랑하는 동지에게〉다. 이 노래는 투쟁적인 운동가요를 요구하던 당시에 발라드풍의 노래라는 이유로 비난을 받았으나 금세 번져나갔다.

앞서 〈우리의 소원(은 통일)〉에 관한 글에서도 5·18민중항쟁과 통일의 관계에 대해서 언급했다. 광주시민은 항쟁을 겪으면서 '통일을 원했을까?' 답은 노래가 주는 이미지인 애국심 때문에 불렀을 거라는 것이었다. 그러면 윤민석의 노래 〈광주여 무등산이여〉는 왜 마지막에 "오월에서 통일로"라고 노래했을까? 사실 윤민석의 노래가 아니라도 광주에서 5·18민중항쟁이 앞으로 나아가야 할 방향을 얘기할 때면 항상 '통일'이 언급되고는 했다. 이에 대해 통일 시 「직녀에게」를 쓴 문병란 시인은 "분단에서 이런 비극이 왔다는 점에서 통일 지향적인 방향이 5·18정신의 중요한 지향점이 됐다. 이런 점에서 문학, 미술, 노래 전반이 민주화운동에서 남북통일운동으로 자연스럽게 연결된 것이라고 생각한다"고 말한다. 윤민석도 같은 생각이었을 수도 있다. 그러나 또 하나 집히는 대목은 노래 발표의 계기에 있다.

1989년 어느 날, 후배들이 전국대학생 대표자협의회(전대협)가 주최하는 '제3회 통일노래 한마당'에 나가겠다면서 노래를 부탁했다. 그는 이미 만들어져 있는 〈광주여 무등산이여〉를 후배들에게 주었다. 그런데 이 대회는 행사명이 '통일노래 한마당'이었다. 아마도 마지막 가사는 이 대회를 위해서 새롭게 추가된 가사일 수도 있다. 〈광주여 무등산이여〉는 수상곡이 되면서 세상에 알려지게 되었다.[•]

어쨌거나 윤민석은 이 노래에서 밝힌 대로 5월운동에서 뒤이은 통일운동까지 쉬지 않고 달려나갔다. 그는 '국가보안법' 위반으로 네 차례에 걸쳐 구속 수감되면서도 정권의 부당한 정치와 정책에 저항하며 지금도 노래운동의 삶을 살아가고 있다. 정치는 한반도를 동서로 나누지만 민중에게 동서는 의미가 없다. 동에서도, 서에서도, 남에서도, 북에서도 정의 구현의 추구만 있을 뿐이다. 그는 이 노래 외에도 〈헌법 제1조〉, 〈전대협 진군가〉, 〈촛불을 들어라!〉, 〈Fucking U.S.A.〉, 〈서울에서 평양까지〉 등 많은 민중가요를 작곡했고 세월호 침몰 사고 후에도 〈더 이상〉, 〈애들아 올라가자〉, 〈눈물이 난다〉, 〈약속해〉, 〈진실은 침몰하지 않는다〉 등의 노래를 발표했다.

[•] 제3회 서울지역 대학생 통일노래 한마당은 1989년 6월 2일 금요일 오후 6시에 고려대 운동장에서 서울지역 총학생회 연합 주최로 열렸다. 통일상은 추계예대의 〈동지에게 드리는 열사의 고백〉, 백두상은 연세대의 〈광주여 무등산이여〉, 한라상은 고려대 '녹두울림'의 〈지리산〉, 무등상은 한양대 '소리개벽'의 〈하늘〉이 수상했다. ≪이대학보≫, 1989년 6월 5일 자.

마흔아홉, 〈꽃아 꽃아〉

절로 흘러나온 노래

———

마당극 ≪일어서는 사람들≫에 나오는 노래로 크게 인기를 얻었던 노래로 〈꽃아 꽃아〉가 있다. 마당극은 민속·민중문화에 그 바탕을 두었는데 이 노래도 국악의 5음 음계로 작곡되어 마당극에 잘 어울리는 노래이며 민요처럼 자연스럽다.

≪일어서는 사람들≫은 놀이패 '신명'이 1988년 제1회 민족극 한마당에 출품하기 위해서 준비한 작품으로, 1980년 광주에서 있었던 5·18민중항쟁을 소재로 한 작품이다. 한창 진행되고 있던 5월운동의 산물이라고 할 수 있겠다. '신명'의 김정희가 대본을 썼지만 당시의 관습대로 단원들과 연습하는 과정에서 단원들의 의견을 받아들여 조금씩 고쳐가며 공동으로 마당극을 완성했다. 연출은 대본을 쓴 김정희가 맡았으며 진행에 김도일, 미술 김경주, 사진 김경빈, 음악 정세현, 음악 연주는 오금용, 김용철, 이휘철 등이 맡았다.

노래 〈꽃아 꽃아〉의 원천은 ≪일어서는 사람들≫의 대본을 쓴 김정희라고 한다. 그녀는 대본을 쓸 때 이미 흥얼흥얼 노래를 불러가며 썼다. 미술교육과 출신으로 전남대 민속문화연구회(일명 탈반) 초대 부회장, 극회 '광대'의 초대 회장을 역임했던 재주꾼 김정희는 이러한 활동을 위해 각종 민속무용과 국악의 훈련을 받아 여러 장르에 익숙해 있었다. 하지만 악보를 적는 수준은 아니어서 대본을 쓸 때 흥얼거렸던 노래를 부르면 음악을 맡았던 정세현이 받아 적었다. 정세현이 채보하면서 자신의 생각을 적절히 반영했을 것으로 생각된다.

꽃아 꽃아

김정희 작사
정세현 작곡

그래도 우리는 노래한다

마당극 ≪일어서는 사람들≫의 내용은 다음과 같다. 온전하지 못한 곰배팔이와 곱추가 부부의 연을 맺고 음력 5월 18일에 사지 멀쩡한 아들 오일팔을 낳아 무척 행복해했다. 세월이 흘러 오일팔은 청년이 되었고 5·18민중항쟁 동안 대장으로서 동지들을 이끌고 항쟁에 앞장서다 죽음을 맞이했다. 곱추 엄마와 곰배팔이 아버지는 아들의 사망 소식을 들었다. 두 사람은 죽은 아들의 시체를 앞에 두고 앞으로 어떻게 살아가야 할 것인가, 왜 그렇게 해야 하는가에 대해 대화를 나눈다.

곱추: 끝까지 내 자식이 왜 요렇게 죽었는지 알아볼 것이구만. 이 세상천지 쑤시고 다녀서라도 알아보고 말 것이구만이라우.

곰배팔이: 그려. 광주 가면 우리들맹키로 자식 잃어불고 원통하게 사는 사람들이 많을 것이구먼. 그 사람들하고 같이, 죽은 자식, 원통한 내력을 알아봐야 자식 낳고 사는 사람 노릇일 것이구만. 그리고 그것이 마지막 아버지 노릇일 것이구만.

1980년 광주 민중항쟁 이후로 1988년 ≪일어서는 사람들≫이 만들어진 당시까지 광주 사람들은 5·18 진상 규명이 첫 번째 소원이었다. 오명을 떨쳐버리고 싶었고 억울함을 벗어버리고 싶었다. 이 작품은 곱추와 곰배팔이를 통해 그렇게 하는 것이 사람 노릇이라고 말하면서 광주 5·18민중항쟁 이후의 과제를 이야기한다.

노래 〈꽃아 꽃아〉는 마당극의 다섯째 마당에 삽입되었다. 곱추와 곰배팔이는 노래를 부르면서 유가족과 이웃들의 힘을 결집하는 '끈' 춤을 춘다. 끈을 잡고 돌다가 유가족 전부가 합류하면 천을 나누어 가지

면서 굿거리장단에 맞추어 춤추고 노래한다. 노래는 다음과 같이 전개
된다.

곱추: 꽃아 꽃아 아들꽃아 오월의 꽃아

꽃아 꽃아 아들꽃아 다시 피어라

모진 칼에 너의 넋이 쓰러졌어도

무등벌에 꽃이 되어 피고 지고 피고 지네

일동: 꽃아 꽃아 아들꽃아 오월의 꽃아

꽃아 꽃아 아들꽃아 다시 피어라

곰배팔이: 금남로에 너의 넋이 쓰러졌어도

무등벌에 꽃이 되어 피고 지고 피고 지네

일동: 꽃아 꽃아 아들 꽃아 오월의 꽃아

꽃아 꽃아 아들 꽃아 다시 피어라

아들 오일팔은 죽었고 당장은 공권력에 무릎을 꿇었으나 다시 피
어 뜻을 이루자는 희망을 담았다. 아들의 소원인 민주주의를 위해서,
아들의 뜻을 위해서 미래로 진군하겠다는 것이다.

이 노래는 마당극 바깥에서 더 많이 연주되었다. 여러 노래공연에
서 다 같이 배우고 함께 부르는 노래로 사용되면서 많이 보급되었다.
굿거리장단으로 장구 치며 다 같이 부르는 동안 홍도 살리고 5월정신
도 살리는 노래가 되었다.

쉰, 〈지리산〉
제주 4·3과 광주 5·18의 아픔을 노래하다*

1988년 겨울, 박종화는 수감되어 있는 동안 작곡했던 노래 중에서 24 곡을 골라 테이프 각 면에 12곡씩 녹음해 ≪분노≫라는 앨범 제목을 달아 주변 후배들과 친구들에게 나누어 주었다. 테이프가 배포된 지 일주일도 되지 않아 그는 교정에서 그의 노래를 들을 수 있었고, 한 달이 못되어 전국에서 그의 노래가 불려지고 있다는 사실을 알게 되었다. 그는 이러한 현상에 놀랐고 본인이 정말로 문화운동, 그것도 작곡을 하면서 살아야 하는가에 대해서 고민하게 되었다고 한다. 민속문화연구회(일명 탈춤반)에 소속되어 학생운동을 하던 그에게 문화운동이라는 활동은 그렇게 낯설지 않았을 것이다. 하루에 500개씩 1년간 테이프를 복사해 보급하면서 그는 전문적으로 노래 창작에 전념하기로 마음먹었다. 박종화는 어떤 계기로 민중가요를 작곡하게 되었을까?

1980년 5월에 그는 고등학생으로 5·18민중항쟁에 참여했다. 5·18의 경험은 그에게 '진실을 알리는 정의의 기자가 되고픈 꿈'을 주었고, 꿈을 좇아 전남대 신문방송학과에 입학하게 되었다. 그러나 꿈은 멀고 현실은 가까웠다. 5·18을 경험했던 그는 '신군부 정권'이라는 단어가 의미하는 바를 알게 되었고, 그러한 현실에서 대학을 다니는 것까지도 죄스러웠다. 그래서 '데모를 제일 잘하는 서클'이라고 소개받은 탈춤반을 찾아가 한국의 현대사를 비롯한 여러 분야의 학습을 통해 사

---

* 이 글은 박종화의 구술(2015.11.14)을 근거로 작성했다.

지리산

김지하 시
박종화 글, 곡

나는 저 산만 보면 피가 끓는다 눈 쌓인 저─산만 보 면
나는 저 산만 보면 소리 들린다 헐벗은 저─산만 보 면
나는 저 길에서면 분노가 인다 도청앞 금남로에 서 면
나는 저 길에서면 소리 들린다 금남로 한벌판에 서 면

지금도 흐─를 그─붉은 피 내 가슴 에 살아솟는 다
지금도 들리는 빨치산소리 내 가슴 에 살아들린 다
지금도 짓밟는 군홧발소리 불타는 ─적개심인 다
지금도 들리는 칼빈총소리 내 가슴 에 살아들린 다

Fine

불 덩이로 일어─난 전 사 의 조국사랑 이 골
불 덩이로 일어─난 전 사 의 조국사랑 이 치

깊 은 허리에도 울부짖는 가슴에도 덧없이 흐르는 산 아
열 했던 도청에도 비좁은─골목에도 덧없이 흐르는 길 아

저 산맥도 벌판도 굽이굽이 흘─러 가슴깊이 스미는 사 랑
금 남로도 광장도 굽이굽이 흘─러 가슴깊이 스미는 사 랑

D.C. al Fine

회를 보는 시각을 정립해나갔다. 1학년 입학과 동시에 5·18민중항쟁 2주년의 추모 집회에 참가하게 되었고, 10월에는 박관현 열사의 관 사수 투쟁에 동참했다.* 이때부터 그는 경찰에 잡혀 들어가기 시작했다. 군 복무 후인 1988년, 전남지역대학생 대표자협의회(남대협)에 소속을 둔 그는 5월 투쟁을 주관했다. 6월에는 전대협 결사대원으로서 '세종로 종합청사 점거투쟁'에 참여하다 검거되어 교도소에 수감되었다.

그는 수감되어 많은 시간을 홀로 보내면서 이미 접어든 운동가의 길에서 자신의 무기는 무엇인가를 고민했다. 문예학습을 통해서 양성우, 김지하, 고은, 신동엽 등 이미 훌륭한 시인들의 존재는 알고 있었다. 시인은 이분들로도 충분하다고 생각했다. 그러다 투쟁의 현장에서 결핍을 느꼈던 민중가요가 떠올랐다. 중학교 때 어머니께서 주신 납부금으로 기타를 샀고, 고등학교 시절에는 그것으로 노래를 만든 경험이 있을 만큼 음악에 관심이 있었던 그는, 그러나 정식으로 작곡을 하거나 악보를 그리는 방법은 전혀 알지 못했다. 노래를 만들기로 결심하고는 옥바라지를 해주었던 친구에게 초등학교와 중학교 음악 교과서 반입을 부탁해 독학에 들어갔다. 뾰쪽한 것은 연필도 불가능했던 감옥에서 30분간의 운동시간에 운동장에서 주은 핀과 못으로 책의 빈 공간에 나름의 기보법으로 작곡한 노래들을 기록해나갔다. 그렇게 작곡한 곡이

———
* 박관현은 1980년에 전남대 총학생회장으로 1980년의 봄, 학생들과 광주시민들의 반독재투쟁을 주도했다. 1982년 '내란중요임무종사' 혐의로 체포되어 모진 고문을 받았으며 옥중에서 40여 일간의 단식투쟁 끝에 사망했다. 광주시민들은 그의 시신을 망월묘역에 안치하고 싶었으나 경찰이 고향 영광으로 강제 이송했다. 이 과정에서 발생한 투쟁을 '박관현 열사의 관 사수 투쟁'이라고 한다.

200여 곡이 되었다. 1988년 12월 특별사면 조치로 석방되자 박종화는 학교 강의실에서 친구와 후배들을 모아놓고 노래를 하나하나 부르면서 반응이 좋은 노래를 선택해 테이프로 만들었다. 그로서는 최초의 앨범 작업이었다. 그리고 이 첫 테이프에 실린 노래 중 하나가 〈지리산〉이었다.

〈지리산〉은 그러나, 감옥에서 뚝딱 만들어진 곡이 아니다. 수년간 경험하고 만났던 이들의 이야기가 쌓이고 삭아서 나온 노래였다. 그에게는 1982년에 만난 제주도 출신의 친구가 있었다. 친구의 가족은 제주 4·3의 비극을 고스란히 겪은 피해자들이었다. 친구에게서 4·3항쟁의 아픔을 들은 박종화는 잘못된 역사에 대한 분노로 괴로웠다. 그는 이를 마당극으로 재현해보고 싶었으나 항상 코앞에 닥쳐 있는 투쟁사업과 조직사업으로 자신의 계획은 뒷전으로 밀려나 있었다. 그러다 1988년 수감되었을 때 그는 교도소에서 비전향 장기수 어르신들을 만나 그들의 이야기를 들었다. 그것은 당시의 정권이 주는 불이익에도 불구하고 사상을 포기하지 않고 생명을 버렸던 젊은 넋들의 역사였다. 더불어 이에 관련된 책들을 읽으며 그는 숨겨졌던 역사의 진실, 분단의 비극을 이해할 수 있었다. 그리고 그에게는 고등학교 때 경험했던 해결되지 않은 5·18의 아픔이 있었다. 그는 이 모든 것을 담아 노래로 만들고 싶었다. 쉽지는 않았다.

> 지리산을 만들면서 내 몸에 수백 마리의 뚝니가 기어 다니는 환상에 말려들었고, 움츠리고 앉아서 얼어 죽은 시체의 환영도 보았고, 조국을 위해 몸 바치는 방법의 각단짐이 무엇인가를 배워갔다. …… 얼굴형상도 남기지 못한 80년 오월 금남로의 시체들은 따스한 햇살이라도 받았던가. *

역사를 품은 두 장소, 아직도 해결되지 않은 지리산과 광주의 고통을 향한 분노를 그는 온몸으로 느끼고 있었음을 그의 글을 통해 알 수 있다. 그는 1절의 노랫말을 김지하의 시 「지리산」에서 빌어와 지리산의 역사적 비극을 표현했다. 2절에서는 직접 경험한 광주의 비극을 표현했다. 박종화는 지금도 광주의 사회문화운동의 일꾼으로 열심히 달리고 있다.

쉰하나, 〈파랑새〉
영웅에게 바치는 노래

박종화의 노래를 들을 때, 가슴이 절절해지는 것은 노랫말이 그의 삶에서 나왔기 때문일 것이다. 그의 노래 〈파랑새〉도 그렇다. 1988년 박종화는 '세종로 종합청사 점거투쟁'에 참여했다가 검거되어 서울구치소에 수감되었을 때, '구미유학생 간첩단사건'으로 구속되어 사형수가 된 김성만을 만났다. 김성만은 1984년에 동료들과 '예속과 함성'이라는 팸플릿을 집필해 서울지역 여섯 개 대학과 두 곳의 지방대학에 몰래 배포했다. 이것이 전두환 정권에 포착되어 1985년 6월에 안기부에 잡혔고, 그해 9월에는 '구미유학생 간첩단사건'으로 포장되어 발표되었다. 죽는 것이 정해져 있는 빨간색 명찰의 공안 사형수 김성만은 그곳

- 박종화, "지리산"(http://jonghwa.net/xe/index.php?mid=songstory&page=3&document_srl=7703).

파랑새

박종화 글, 곡

퍼덕 퍼덕 거 리는 새 —

푸른 하늘 좋 다 — 고 —

높이 높이 날 — 더 니 —

왜 날개 접 었을 까 —

퍼덕 퍼덕 날 고 싶 어도 —

날 수 가 없 — 네 —

울 — 고 싶 — 어 도 —

울 수가 없는 새 — 야 —

못 다 한 사 — 랑 — 이 —

못 다 이 룬 약 — 속 — 이 —

못 다 한 청 — 춘 이 애 — 달 — 퍼

파 랑 새 는 울 어 예 — 리 —

에서도 남은 생을 치열하게 살아가고 있었다. 죽음이 언제 닥칠지 모르는 공포 속에서도 그는 운동시간에는 열심히 달리기를 했고 감방에 돌아와서는 끈질긴 학습으로 본인을 성장시켰다. 그는 자신의 삶에도 치열했지만 후배들의 걱정거리를 함께 고민해주는 자상함도 갖추고 있었다. 그러한 삶을 지켜보는 것만으로도 박종화는 운동가로서 성숙해갈 수 있었다고 고백한다.

존경의 눈으로 바라보고 있는 박종화에게 김성만은 이감의 선물로 나비를 만들어주겠다는 제안을 해왔다. 함께 구속 수감되었던 전남 출신의 양동화에게 김성만은 동향 후배가 구치소에 왔다고 전한 모양이었다. 양동화는 짚신을 만들어 박종화에게 선물로 보내왔는데 김성만이 나비를 완성하면 짚신과 함께 주겠다는 것이다. 짚신이고 나비고 간에 이것들은 그들이 구매한 빵의 비닐봉지를 길게 늘이고 꼬아서 만든 조악한 것들이었다. 하지만 모든 것이 귀한 그곳에서 만들어낼 수 있는 최고의 창작품이었으며, 거기에 만드는 사람의 염원과 정성을 담은 것이므로 그들로서는 최고의 선물이 되었다. 박종화는 그 제안에 감동했고 '나는 무엇을 선물할 수 있을까'를 고민하게 되었다. 막 노래를 창작하겠다고 마음먹고 시작한 습작기의 시점이었으나 그가 드릴 수 있는 것이라고는 노래밖에 없다고 생각했다. 유명 작곡가도 아니었기에 노래를 만들어드리겠다는 말도 못 건넨 채로 존경스러운 선배 김성만을 어떻게 표현할지를 집중적으로 생각하기 시작했다.

빗줄기가 시원스럽게 내리치던 어느 밤, 박종화는 빗속에서 퍼덕이는 한 마리의 새를 떠올렸다. 김성만에게 씌워진 사형수의 굴레와 이를 이겨내려는 그의 몸부림이 그에게는 퍼덕이는 새의 이미지와 하나처럼 보였다. 박종화는 열심히 노래를 만들어갔으나 김성만의 이감

날이 먼저 와버렸다. 김성만이 약속했던 짚신 한 켤레와 나비 한 마리를 건네자 박종화는 떨리는 손으로 받았으나, 자신이 만들고 있는 미완성의 노래는 전할 수 없었다. 김성만이 떠난 후에도 그는 노래에 매달려 마침내 〈파랑새〉를 완성했고, 감옥에서 만든 다른 노래들과 함께 그의 첫 앨범 ≪분노≫에 실었다. 그리고 〈파랑새〉 옆에는 괄호 안에 '사형수'라고 적어 넣었다.

박종화 노래의 대부분이 씩씩한 투사의 노래로 행진곡풍인 반면에 〈파랑새〉는 4분의 3박자, 라단조 곡으로 계면조에 가까우며 매우 서정적이다. 그가 주로 쓰는 피, 투쟁과 같은 단어도 없다. 오직 감방에 갇혀 죽을지도 모르는 투사의 정서만을 표현하려는 의도 때문일 것이다.

이 노래는 학생운동권 내에서 많이 불렸으나 투쟁의 장소가 아닌 주로 공연의 자리에서였다. 민중가수들의 사랑을 받았던 〈파랑새〉는 박종화의 앨범 외에도 노래마을의 ≪우리의 노래가 이 그늘진 땅에 햇볕 한 줌 될 수 있다면≫(1990), 민족음악협의회의 ≪자, 우리 손을 잡자 1≫(1990), 대학노래패의 ≪통일의 한길로≫(1990년대 초반), 소리타래의 ≪일어서는 민주정부≫(1992) 등의 앨범에 실려 있다.

1985년 체포되었던 박종화의 영웅 김성만은 다행히 1987년 6월항쟁의 덕으로 정치범에 대한 사형 집행이 중단되었고, 이듬해 무기징역으로 감형받았다. 그리고 1998년 8월 15일 특별사면으로 풀려났다.

쉰둘, 〈바쳐야 한다〉

뭔가를 하려거든 목숨을 걸고

—

광주에서 활동하는 '노동자 노래패'에 관해 조사하는 과정에서 그들이 주로 불렀던 노래가 무엇이었는지를 물었다. 그들은 10여 곡의 제목을 들었고, 그중에서도 "〈바쳐야 한다〉를 무진장 불렀다"고 했다. 이미 제도권의 무관심 혹은 거부에서 시작된 사회운동의 현장에서는 일반적으로 소외를 경험한 저항자들의 절실함이 절절하게 느껴진다. 이러한 절실함은 동지들과 치열한 투신에의 결단으로 이어진다. 이러한 노래로는 이미 〈임을 위한 행진곡〉이 있으나 더욱 직설적인 가사의 노래가 〈바쳐야 한다〉가 아닐까 싶다.

이 노래는 1989년에 작곡된 노래다. 박종화가 첫 번째 테이프를 친구들에게 나눠준 이후로 그는 문화운동 특히 노래 창작에 대한 사명감을 갖게 되었다. 1990년 5·18항쟁 10주년이 되던 이해에는 항쟁을 기념하는 다양한 문화공연이 있었고 박종화도 함께 5월 노래발표회에 참가하기로 했다. 이를 위해서 그는 20곡의 노래를 작곡해야 했고 〈바쳐야 한다〉도 그때 작곡되었다.

박종화는 1절 가사를 완성하고 선율을 써나가고 있었다. 뭔가 더 얘기하고 싶은데 진전되지 않았다. 그러다 어느 모임에서 이광웅의 시 「목숨을 걸고」의 낭송을 듣게 되었다. 사막에서 오아시스를 만나는 것 같은 해결의 순간이었다. 그에게 술, 사랑, 동지는 투쟁의 삶에 필수불가결한 삼위일체의 요소였는데 이 시 덕분에 가사에 표현하고자 한 내용을 다 담을 수 있었다.

바쳐야 한다

박종화 글, 곡

사랑을 하려거든 목숨 바쳐라 사랑은 그럴 때 아름다워라
구차한 목숨으론 사랑을 못해 사랑은 그렇게 쉽지 않아라

술 마시고 싶을 때 한 — 번 쯤은 목숨을 내걸고 마셔 보아라
두려움에 떨면은 술도 못마셔 그렇게 먹은 술에 내가 죽는다

전선에서 맺어 — 진 동지가 있다 — 면 바쳐야 한다 죽는 날까지
붉은 맹세 붉은 피로 맺어진 동지 — 여 죽어도 온다 그 날은 온다

아낌없이 바쳐 — 라 번쩍이는 칼 창 움켜 쥐고
민 — 족의 해방이여 번쩍이는 칼 날 움켜 쥐고

나서라 전사여 그 날을 위해 이 한 목숨 걸고 지켜 라
나서라 전사여 우리의 깃발 이 한 목숨 걸고 지켜 라

시인 이광웅은 1940년 군산에서 태어났다. 경제적 어려움으로 첫 번째 입학한 외국어대학을 포기했다. 두 번째로 입학한 전북대도 같은 이유로 포기했다. 세 번째로 시도한 대학인 원광대는 문예장학생으로 무사히 졸업할 수 있었다. 졸업 후에는 원광여자고등학교에서 교편을 잡았고, 후에 군산제일고등학교로 옮겼다. 청소년 시기부터 시인이 되고 싶었던 그는 유진오의 시들을 통해서 역사와 현실을 바로 볼 수 있게 되었다.

　　그토록 어렵게 공부를 마치고 교사가 된 이광웅 시인은 '오송회 사건'으로 구속되었다. 월북 시인의 시집 때문이었다. 1982년, 이광웅은 자신과 같이 시인이 되고 싶어 하던 제자에게 월북 시인 오장환의 시집 필사본 『병든 서울』을 빌려주었다. 제자는 이 책을 직행버스에 두고 내렸고 이 책의 주인이 이광웅 선생님임이 밝혀졌다. 공안정권은 월북 작가의 시집을 돌려봤다는 이유로 문학을 함께 논하던 군산제일고등학교 전·현직 교사 9명을 구속시켰다. 이들은 교사간첩단으로 몰렸고 주동 인물로 꼽힌 이광웅은 7년 형을 받아 수감된 것이다. 다행히 1987년 6·29선언에 의해 특별사면으로 풀려났다. 1988년 8월 군산서흥중학교에 복직된 그는 전교조 활동으로 다시 '전교조 해직교사'가 되었다. 이처럼 신념으로 사는 시인이자 교사였던 그는 감옥에서 우유갑에 썼던 시들과 출옥 후 1년 반 동안 썼던 시들을 모아 시집 『목숨을 걸고』*를 출간했다.**

———

•　　이광웅, 『목숨을 걸고』(창작과 비평사, 1989).

••　　최기우, "1982년 겨울 오송회 사건과 '너무 맑아서 불온한 시인' 이광웅"(http:// jbgokr.tistory.com/entry/1982년-겨울-오송회-사건과-너무-맑아서-불온한-시

「목숨을 걸고」는 이광웅의 삶과 태도가 다 담긴 시다. 치열함에 관해서는 둘째가라면 서러워할 박종화의 삶의 태도와도 똑같다. 그의 노래는 이광웅의 시어가 더해져 더욱 빛나게 태어났다. 싱어송라이터 인 그는 이 노래를 부를 때 정말로 '목숨 바쳐서' 부른다. 이 노래는 그의 앨범 ≪격정속으로≫와 ≪박종화 창작골든베스트≫에 실려 있다.

쉰셋, 〈투쟁의 한길로〉
강경대 열사가 좋아한 노래
___

고등학교 시절 5·18민중항쟁을 겪었던 박종화는 대학에 입학하자 곧바로 '데모 잘하는' 탈춤반을 찾아 들어갔고 처음 마음먹었던 대로 열심히 데모했다. 뒷짐 지고 있는 성격은 아닌지라 학생들 앞에서, 그리고 시민들 앞에서 사회를 보기도 하고 연설도 마다하지 않았다. 해결해야 할 사회문제가 있어도 때로는 사람들이 무감각하기도 하고 때로는 냉담하기까지 하다. 이러한 상태의 민중을 깨우는 것은 시위를 주도하는 자들의 몫이다. 선동을 위해서는 감동이 필요하다. 어떻게 감동을 주어야 할까? 어떤 말로 시작해야 할까? 이것은 선동가들의 가장 큰 고민이다. 선동을 위해 기꺼이 연습한다. 고뇌 속에서 얻어낸 박종화의 연설 첫 대목은 다음과 같다.

___
인-이광웅).

풀 한 포기 하나도 자유롭지 못한 식민의 아들, 딸들이여

역사의 부름 앞에 부끄러운 자 되고자 하는가

험난한 노정을 넘어 역사의 승리자가 되고자 하는가

그의 연설은 〈투쟁의 한길로〉의 가사가 되었다.

역사의 부름 앞에 부끄러운 자 되어

조국을 등질 수 없어 나로부터 가노라

풀 한 포기 하나도 자유로울 수 없는 식민의 땅 아들아 어서 일어나거라

첫 번째 앨범에 있는 노래들이 빠르게 확산되는 것을 목격한 그는 2집과 3집 앨범을 준비해 1990년 2집 ≪바쳐야 한다≫와 3집 ≪고난의 행군≫을 동시에 제작, 배포했다. 두 앨범을 동시에 준비하고 발표한 것은 준비하고 있는 앨범이 발표되면 다시 잡혀갈지도 모른다는 생각에서였다. 결국 3집 ≪고난의 행군≫이 '국가보안법'에 걸려 그는 구속되었고, 다시 1년 6개월의 징역을 살게 되었다. 두 개의 앨범은 그가 구속되면서 대부분 압수당했으나 여기에 실린 노래들이 또다시 전국을 강타했다. 〈투쟁의 한길로〉는 강경대 열사가 제일 좋아하는 노래였다고 한다.

강경대는 1991년 3월 명지대 경제학과에 입학해서 민중노래패 '땅의 사람들'에 가입했다. 3월 22일에는 총학생회 진군식 도중에 학내에 진입한 전투경찰의 직격 최루탄에 맞아 안면 부상을 입었다. 그럼에도 불구하고 4월 26일에는 '학원 자주화 완전 승리'와 '총학생회장 구출 투쟁 및 노태우 군사정권 타도' 시위에 다시 참여했다가 백골단의 쇠파이

투쟁의 한길로

박종화 글, 곡

역사의 부름 앞에 부끄러운 자 되어 조국
풀 한포기 하나도 자유로울 수 없는 식민
기쁠 때 같이 웃고 슬픔은 나눠 가져 우리
이 땅의 청년들아 너와 내가 하나 되어 향기

을 등질 수 없어 나로부터 가노라
의 땅 아들아 어서 일어나거라 붉
모두 더불어 사는 새날 위해 나가자
로운 우리 강산 손을 잡고 달려가자 붉

은 태양 떠올 ─ 라 깃발이 서면 탄압

의 총소리 나를 부르는 함성

나 서 거라 투쟁의 한길로 산산이 부서지거라

그대 따라 이 내 몸도 투쟁의 한 ─ 길 ─ 로

프 난타로 심장막 내출혈을 일으켜 병원으로 옮겨지는 도중 사망했다. 1990~1991년에 걸쳐 노태우, 김영삼, 김종필의 3당 합당 주도, '방송관계법', 공안정국, 사회운동의 탄압 등으로 이미 국민들의 실망이 극에 달해 있을 때였으므로 어처구니없는 그의 죽음은 학생들과 민중의 분노를 사기에 충분했다. 결국 이 사태는 분신 정국으로 이어져 4월 26일부터 6월 29일까지 두 달 남짓 동안 11명이 분신하고 1명은 압사했다.

강경대가 살아생전에 가장 좋아했다는 것 때문에 '강경대 추모' 분위기를 타고 〈투쟁의 한길로〉가 빠르게 퍼져나갔다고는 하지만, 노래가 살아남는 데는 무엇보다도 작품성이 필수적이다. 누군가의 사랑을 받아야 하고 자주, 많이 불러도 식상하지 않을 수 있는 요소가 있어야 한다는 것이다. 특히 청년, 학생들의 사랑을 많이 받았던 이 가요는 치열한 가사가 밝은 선율을 만나 완성된, 경쾌하게 부를 수 있는 행진곡이다.

그가 감옥에 있는 동안 전국적으로 확산되었던 〈투쟁의 한길로〉를 박종화는 1992년 5월, 출소하는 날 들을 수 있었다. 100여 명의 친구들이 출소 기념으로 불러주었던 것이다.

〈투쟁의 한길로〉는 대학노래패(남대협)의 ≪통일의 한길로≫(1990), 박종화의 ≪격정속으로≫(2002), 전대협노래단의 ≪전대협 우리의 자랑이여≫(1991), 예울림의 ≪굳세어라 동지여≫(1991) 등의 앨범에 실려 있다.

쉰넷, 〈함께 가자 우리 이 길을〉
떼창으로 부르면 힘이 나는 노래

———

정권에 맞서 저항해 무언가를 쟁취하는 데는 언제나 용기와 인내가 필요하다. 그리고 한 사람의 목소리보다는 다수의 목소리가 합해져야 힘이 생기고, 동지가 있어야 길게 갈 수 있다. 그래서 시위할 때에는 항상 '동참하라'고 목이 터지도록 부르짖는다. 노래운동이 시작된 후 '동참하라'는 구호는 노래로 바뀌었다. 이미 〈홀라송〉이 있어서 "민주시민 동참하라 좋다좋다"라고 노래하기는 했었지만 더 힘 있게, 그리고 노래답게 함께 가자고 부르는 노래가 생겼다. 학생들은 모이면 떼창으로 새롭게 나타난 노래를 불렀다. 〈함께 가자 우리 이 길을〉이다.

　가사는 김남주의 같은 제목의 시다. 김남주를 가리켜 전사시인 혹은 혁명시인이라고 한다. 그는 고등학교 시절에 교육정책을 비판하고 반발해 학교를 중퇴했고 검정고시를 거쳐 1969년 전남대 영어영문학과에 입학했다. 대학 재학 중에는 유신헌법에 반대하는 학생운동을 적극적으로 펼쳐나갔다. 그는 '함성'지 사건, '고발'지 발간 등으로 1973년 '국가보안법' 위반 혐의로 복역했지만 가장 길게는 1980년 '남조선민족해방전선 준비위원회(남민전)' 사건으로 징역 15년을 선고받고 복역했다. 그는 수감 생활 동안에도 글을 쓰면서 전사로서의 삶을 살았다. 우유갑에 날카롭게 간 칫솔대나 못 등으로 시와 산문을 써 면회객을 이용해 감옥 밖으로 내보내면 동료들은 이를 시집으로 출간했다. 그의 시는 많은 학생과 사회운동가에게 위로와 격려가 되었고 작곡가들에게는 영감을 주고 노래가 되었다. 〈함께 가자 우리 이 길을〉 외에

함께 가자 우리 이 길을

김남주 시
변계원 곡

함 께 가자 우리 이 길을 투 쟁 속 에 동 지 모 — 아

함 께 가자 우리 이 길을 동 지의 손 맞 잡 고 가 로

질 러 들 판 — 산 이 라면 어 기 여차 넘 어 주 고 사 —

나 운 파 도 — 바 다 라면 어 기 여차 건 — 너 주 자

해 떨 어 져 어 두 운 길을 서 로 일 으켜 주 고 가 다

못 가면 쉬 었 다 가 자 아 픈 다 리 서 로 기 대 며 함 께

가 자 우리 이 길을 마 침 내 하 나 됨 을 위 하 여

도 김경주의 〈노래(죽창가)〉, 안치환의 〈자유〉, 김선철의 가곡 〈학살〉 등이 있다. 특히 안치환은 김남주가 1994년 췌장암으로 세상을 떠나게 되자 그의 시를 노래로 만든 앨범 6.5집 ≪Remember≫를 헌정하기도 했다.

　노래 〈함께 가자 우리 이 길을〉은 변계원이 작곡했다. 변계원은 1987년에 서울대 국악작곡과에 입학했다. 그녀는 노래가 좋아서 노래 모임을 찾다가 노래패 '메아리'에 가입했다. 1988년에 '메아리' 정기 연주회에서 〈함께 가자 우리 이 길을〉을 발표했고 이 노래로 '제1회 통일노래 한마당'에 참가했다. 통일노래 한마당은 대학생 통일노래 경연대회로 각 대학과 지역에서 예선을 거쳐 전국대회를 갖는 형식으로 진행되었는데 제1회의 경우 서울에서는 경희대에서 서울지역 통일노래 한마당이 있었고, 이어 전남대에서 제1회 전국 통일노래 한마당이 열렸다. 그리고 이 공연 실황을 녹음 편집한 카세트테이프를 제작, 판매하면서 노래가 보급되었다. 이 행사는 전국대학생 대표자협의회와 한국대학총학생회연합이 주관해 진행되었다. 노태우 정권하에서 행사가 안정적으로 진행되지 못했음에도 불구하고 이 행사를 통해 많은 통일노래가 창작되고 보급되었다. 〈함께 가자 우리 이 길을〉 외에도 통일을 주제로 한 〈진혼곡〉, 〈얼굴 찌푸리지 말아요〉, 〈통일은 됐어〉 등의 노래가 인기를 끌었다.

　〈함께 가자 우리 이 길을〉은 이 행사를 통해 보급된 이후로 집회에서 마음을 모으는 노래로 자주 부르게 되었다. '쌍용자동차 해고자 복직 투쟁'을 위한 집회에서, '광우병 쇠고기 수입 반대' 촛불집회에서, 물대포에 맞아 쓰러진 '백남기 추모식'에서, 2016년 겨울에 시작된 촛불집회에서도 수없이 들을 수 있었다. 변계원의 다른 노래로는 ≪한거

레신문≫의 창간 두 돌 기념사업 '겨레의 노래' 공모에서 채택된 노래 〈이 작은 물방울 모이고 모여〉가 있다.

쉰다섯, 〈목련이 진들〉
중학생도 아는 오월
——

1988년에 전남대의 '5월 문학상'을 전남 고흥의 풍향중학교 2학년 박용주가 수상했다. 그의 나이 16세였다.

> 목련이 지는 것을 슬퍼하지 말자
> 피었다 지는 것이 목련뿐이랴
> ……
> 우리네 오월에는 목련보다
> 더 희고 정갈한 순백의 영혼들이
> 꽃잎처럼 떨어졌던 것을

아름다운 시어로 잔인했던 오월을 성숙하게 표현했다. 1973년에 태어난 중학생이 1980년 5월에 광주에서 있었던 일을 알기나 했을까? 많은 사람이 갖는 궁금증이다. 그런데 그의 다른 시를 보면 금방 이해가 된다. 그의 시 「하직인사」와 「이모의 결혼식」은 그의 주변 환경을 설명해준다.

「하직인사」는 아버지를 망월동 묘역에 묻고 10년째 성묘하는 날,

목련이 진들

박용주 시
박문옥 곡

무덤에 계신 아버지께 이제 그만 오겠다고 인사하는 내용이다. 벌초하고 술을 따라 올릴 때마다 눈물이 나서 힘들다고, 어른이 되어서 울지 않고 벌초할 수 있을 때 오겠다는 내용이다. 그리고 어린 자식들을 두고 떠나간 아버지를 향해 원망한다.

무정타 마시고 기다리지 마소서
무정하기로야 어린 자식 두고 가신 아버지만 하겠습니까

그의 다른 시 「이모의 결혼식」은 외할머니가 금쪽같이 고이 기른 이모가 두 번이나 징역살이를 한 운동권 신랑에게 시집가는 이야기다. 그러니까 그는 일곱 살에 아버지를 망월묘역에 묻었고, 이모는 운동권 남자에게 시집가는 환경에서 자란 것이다. 그에게 1980년 5월은 혹독한 현실이었다. 어린 시인은 뛰어난 감성으로 처절한 환경을 읊어냈다.

작곡가 박문옥은 우연한 기회에 시 「목련이 진들」을 만났다. 박용주의 가족에 관한 얘기를 들었고, 곧장 시를 노래로 만들어 1989년부터 부르기 시작했다. 이 노래의 선율은 시의 예술성만큼이나 완성도가 높다. 그래서인지 이 노래는 대중보다는 광주의 전업 가수들이 주로 부르고 있다. 1994년 다큐드라마 ≪윤상원≫의 주제곡으로 쓰였고 광주에서 1990년부터 진행된 노래운동 '거리음악제'에서뿐만이 아니라 1995년 북미 7대 도시 순회공연 '광주여 우리의 노래여'의 주제곡으로 사용되었으며 5월을 노래하는 각종 노래 음반에 포함되어 있다. 5·18 기념재단에서 제작한 앨범 ≪5월의 노래≫와 2015년에 제작한 '5·18 정신계승 기념음반 1' ≪오월≫, 작곡가 자신의 앨범 ≪양철매미≫에도 실려 있다.

참고자료

문헌자료

강헌. 1988. 「일제강점기 및 미군정기 음악비평연구」. 서울대학교 대학원 석사학위논문.

≪경향신문≫. 2005.4.19. "독재맞선 젊은 넋들 아직 생생".

_____. 1993.4.28. "늙은 군인의 노래".

_____. 1991.4.19. "진달래 속에 살아있는 4·19: 대학가 노래로 정착 작곡가 한태근 목사".

_____. 1979.8.27. "돼지값 폭락: 키우는 것보다 값을 보장해줘야 한다".

고려대학교 노래얼. 1984. 『노래얼』 3집.

광주광역시 518사료편찬위원회 엮음. 2007. 「민주시민으로서 해야 할 일」. 『5·18광주민주화운동 자료총서』.

광주광역시 동구청. "광주시 동구청 행정관서 주요사태".

광주민중문화연구회. 1985. 『동트는 산하』.

국립국어원. "민중가요". 『표준국어대사전』. stdweb2.korean.go.kr

김동률. 2012.9.25. "'별'들이 부르는 늙은 군인의 노래". ≪중앙일보≫.

김양환. 2009. 『홍난파 평전: 일제 강점기의 삶과 예술』. 남양.

김지하. 1991.5.5. "젊은 벗들! 역사에서 무엇을 배우는가: 죽음의 굿판을 당장 걷어 치워라". ≪조선일보≫.

_____. 1982. 『타는 목마름으로』. 창작과비평사.

김창남 엮음. 2004. 『김민기』. 한울.

김창남·안석희·이소영·류형선·고상미·이영미·강헌. 1993. 『노래』 4집. 실천문학사.

김창남·이건용·문승현·송도영·이영미·이장직. 1986. 『노래운동론』. 공동체.

김현민. 1993. 「1970년대 마당극 연구」. 이화여자대학교 석사학위논문.

김효자. 2012.9.11. "부용산". http://blog.naver.com/yulexa/70144835844

노동은. 2004. 「5·18과 음악운동」. 나간채 외 지음. 『기억 투쟁과 문화운동의 전개』. 역사비평사.

≪동아일보≫. 2015.6.3. "홍난파 '봉선화', 일제치하 민족의 아픔 달래"(한국가곡의 역사 1).

_____. 2005.4.5. "'핀란디아'를 들으며".

_____. 1991.8.8. "〈금관의 예수〉 원작자(原作者)는 누구인가".

_____. 1986.6.25. "횡설수설".

_____. 1979.11.28. "홍성지방 폭락 돼지값: 새끼 죽여버려".

≪매일경제신문≫. 1979.11.13. "돼지값 폭락(暴落)을 막아야 한다. 양축농가(養畜農家)의 소득
　　　　증대책(所得增大策) 시급".

민맥 편집부. 2000. 『우리시대의 노래』(2000년 개정 증보판). 민맥.

민주화운동기념사업회. 2006. 『노래는 멀리멀리』(상·하).

민중문화운동연합. 1987. 『임을 위한 행진곡』. 학민사.

박만. 2004. "해방 신학의 배경". 『현대 신학 이야기』. 살림.

박종화. 2002.9.8. "지리산". http://jonghwa.net/xe/index.php?mid=songstory&page=3&do
　　　　cument_srl=7703

박호재·임낙평. 2007. 『윤상원 평전』. 풀빛.

백승구(白承俱). 2015. "일본식 이름 쓰면서도 '한국환상곡' 끈질기게 연주". ≪월간조선≫, 2015
　　　　년 7월호.

_____. 1977.7.7. "작고 12년만의 안주, 안익태 선생 유해 8일 국립묘지 안장". ≪경향신문≫.

송방송. 2012. "김성태". 『한겨레음악대사전』. 보고사.

송병욱. 2006. "안익태의 민족 정체성-어느 음악가의 정당한 평가를 위하여". ≪객석≫, 4월호.

≪스포츠한국≫. 2004.9.19. "'사노라면' 원작자 찾았다".

신형원. 2005. 「1980년대 한국 민주화운동과 노래문화에 관한 연구」. 단국대학교 대중문화예술
　　　　대학원 석사학위논문.

아침노래기획 역음. 『민중가요 대백과』. 아침.

안길정. 2013. 「교육지표 사건 제35주년 경과보고」. '우리의 교육지표' 선언 제35주년 기념식
　　　　(2013.6.27).

≪연합뉴스≫. 2016.8.5. "북(北), '우리의 소원은 통일' 금지곡으로 지정".

≪오마이뉴스≫. 2013.1.30. "노동가수 최도은, 그가 들려준 '운동가요사'".

이광웅. 1989. 『목숨을 걸고』. 창작과 비평사.

이경분. 2007. 『잃어버린 시간 1938~1944』. 휴머니스트.

위키백과. 2015.6.5. "내일은 해가 뜬다". https://ko.wikipedia.org/wiki/내일은_해가_뜬다

이영미. 2014.3.4. "엄혹한 시절 유일한 페미니즘 노래 '가요, 나는 가요!'". ≪여성신문≫.

_____. 1993. 『노래이야기주머니』. 녹두.

이철. 2014. 「내가 겪은 민청학련」. 『다시 민주주의를 묻는다』, 민청학련 40주년 심포지엄 자료
　　　　집(2014.4.3).

임지연. 2010. 「이영도 문학의 공적 욕망 구조」. ≪여성문학연구≫, 통권 23호, 203~235쪽.

전남대학교 공과대학 코스모스 교지편집위원회. 2000. 『해방의 코스모스』. 전남대학교 교지편
　　　　집인 연합·전남대학교 노래패 연합.

전용호. 2006. 「영혼결혼식과 〈님을 위한 행진곡〉」. 광주문화예술진흥위원회 역음. 『광주이야

기』.

전정임. 1998. 『안익태』. 시공사.

정근식. 1997. 「민주화와 5월운동, 집단적 망탈리테의 변화」. 나간채 엮음. 『광주민중항쟁과 5
월운동연구』. 전남대학교518연구소. 164쪽.

정유하. 2016. 「음악운동」. 정유하·배종민·김도일. 『(민주장정 100년, 광주·전남지역 사회운동
연구 제10권) 문화예술운동』. 광주광역시·전라남도.

조영래. 2001. 『전태일평전』. 돌베게.

≪주간동아≫. 2012.8.6. "농업, 농촌, 농민이 살아야 진정한 자주독립국가다".

_____. 2006.4.18. "애국자 안익태 발자취 좇다 친일 행적만 잇따라 확인".

최기우. 2009.7.24. "1982년 겨울 오송회 사건과 '너무 맑아서 불온한 시인' 이광웅".
http://jbgokr.tistory.com/entry/1982년-겨울-오송회-사건과-너무-맑아서-불온한-시인-이
광웅

최정기·유경남. 2016. 『민주장정100년, 광주·전남지역사회운동사, 5·18민중항쟁』. 광주광역
시·전라남도.

≪한겨레신문≫. 2016.8.5. "슬픔에 젖어 상승하는 멜로디"(성기완의 노랫말 얄라셩).

_____. 2015.4.10. "'아침이슬' 김민기 '세월호, 나는 그 죽음을 묘사할 자격이 없다'". 이진순의
열림, '아침이슬 그 사람' 김민기(하).

_____. 2015.4.3. "아침이슬 그 사람". 이진순의 열림, 김민기(상).

_____. 2013.12.12. "'노동자의 누이' 박기순, 다시 만난다".

_____. 1993.2.3. "노래로 보는 사회사".

_____. 1991.12.15. "민중가요 '또 하나의 문화'로 정착".

_____. 1989.9.6. "임수경 판문점 귀환의 순간: 정기열 목사 증언·비디오 기록 재구성".

_____. 1989.8.20. "백두산 비안개 속 대행진 출정식".

≪한국경제≫. 2007.10.25. "아침 이슬은 건전가요상을 받고 금지곡도 된 노래".

한국기자협회 외 엮음. 1997. 『5·18특파원 리포트』. 풀빛.

한국민중교회운동연합 민중찬송가편찬위원회 엮음. 1990. 『민중복음성가』. 사계절.

한국사사전편찬회. 2005. "남민전사건". 『한국근현대사사전』. 가람기획.

_____. 2005. "만주국". 『한국근현대사사전』. 가람기획.

≪한국일보≫. 2009.6.29. "노래 '광야에서'를 만든 문대현".

한국학중앙연구원. "민중가요". 『한국민족문화대백과사전』. http://100.daum.net/encyclope
dia/view/14XXE0066428

_____. "해방가". 『한국민족문화대백과사전』. http://100.daum.net/encyclopedia/view/14XX
E0072213

한국현대사사료연구소(韓國現代史史料研究所) 엮음. 1990. 광주오월민중항쟁사료전집(光州五 月民衆抗爭史料全集). 풀빛.

한용희. 1987. 『한국동요음악사』. 세광음악출판사.

허영한. 1998. "미주 '한인학생회보'를 통해 본 안익태의 미국유학시절", ≪낭만음악≫, 제40호 (가을).

황석영. 1987. 『죽음을 넘어 시대의 어둠을 넘어』 1. 전남사회운동협의회.

홍사단 전라남도지부. 1983. 『산울림』.

Pratt, Robert A. 2005. *We Shall Not Be Moved*. University of Georgia Press.

Wikipedia. 2016.11.6. "African-American Civil Rights Movement(1954~1968)." https://en. wikipedia.org/wiki/African-American_Civil_Rights_Movement_(1954%E2%80%931968)

구술 및 인터뷰

김봉준. 2017.4.18.

김상윤. 2014.4.28.

김상집. 2016.8.7.

_____. 2014.1.9.

김종률. 2015.12.9.

김태종. 2017.1.23.

김향득. 2016.12.28.

문승현. 2015.11.25.

박문옥. 2015.11.22.

박병기. 2014.8.4.

박종화. 2015.11.14.

박철환. 2015.11.21.

박태홍. 2015.11.24.

배종민·김태종·전용호·윤청자. 2017.1.23.

송정민. 2014.7.14.

윤민석. 2015.11.18.

윤청자. 2016.12.28.

이홍길. 2016.12.15.

이현미·전용호·김태종. 2015.12.1.

임희숙. 2017.1.20.

전영규. 2015.12.6.

전용호. 2017.1.23.

_____. 2017.1.19.

_____. 2016.12.28.

_____. 2016.11.23.

정용화. 2014.7.12.

정남용. 2016.11.8.

음향자료

비합법 음반 노래굿 ≪넋풀이≫.

사진 출처

'급보 다같이 단결합시다!!' 5·18 민주화운동기록관 자료 제공.

〈님을 위한 행진곡〉 악보 원본. 김종률 자료 제공.

2016 오월 국제교류음악회에서 광산구립합창단, 일본 일어서라합창단, 4·16합창단이 〈임을 위한 행진곡〉을 부르는 모습. 2016 오월 국제교류음악회·광산구립합창단 자료 제공.

노래패 '친구'의 전교조 집회 공연 모습. '친구' 전영규 자료 제공.

노래극 ≪광주어! 오월이여≫ 재킷. 전 광주민중문화연구회 전용호 회원 자료 제공.

≪그날이 오면≫ 테이프 재킷. 노래모임 '새벽'의 문승현에게 사용을 허락받음.

≪노래를 찾는 사람들≫ 1집(재발매된 노찾사 1집의 앨범 재킷). 제작사로부터 사용을 허락받음.

≪노래를 찾는 사람들≫ 2집(노찾사 2집의 앨범 재킷). 제작사로부터 사용을 허락받음.

정유하 전남대학교 5·18연구소의 전임연구원이다. 전남대학교에서 음악교육과를 졸업하고 전남대학교 대학원에서 석사학위를 마쳤다. 이후 미국 미주리 주립대학교에서 교향시 〈Gwangju Uprising〉으로 박사학위(D.M.A.: Doctor of Musical Art)를 받았다. 전남대학교 5·18연구소에서 박사후과정을 했으며, 2002년부터 5·18과 관련된 음악작품, 참여음악, 민중가요 등을 연구해오고 있다. 최근에는 연구해온 음악들을 푸른솔시민합창단과 함께 연주하고 있다. 주요 논문으로 「5·18항쟁의 형상화에 사용된 음악 표현 양식」(2003), 「5·18 의례 음악의 특성과 변화의 양상」(2004), 「정율성의 음악 연구」(2006), 「호남지역 음악 연구의 현황과 과제」(2007), 「윤이상의 교성곡 〈나의 땅, 나의 민족이여!〉에 관하여」(2007), 「윤이상의 참여음악연구: 〈화염에 싸인 천사〉와 〈에필로그〉를 중심으로」(2011), 「광주지역의 대중음악인 활동사 연구: 1970년부터 2010년까지」(공동연구, 2012) 등이 있으며, 최근 『(민주장정 100년, 광주·전남지역 사회운동 연구 제10권) 문화예술운동』(2016)을 공동 집필했다.

그래도 우리는 노래한다
민중가요와 5월운동 이야기

ⓒ 정유하, 2017

지은이 정유하 **펴낸곳** 한울엠플러스(주) **펴낸이** 김종수
편집책임 최규선 **편집** 김다정

초판 1쇄 인쇄 2017년 5월 8일
초판 1쇄 발행 2017년 5월 15일

주소 10881 경기도 파주시 광인사길 153 한울시소빌딩 3층
전화 031-955-0655 **팩스** 031-955-0656 **홈페이지** www.hanulmplus.kr
등록번호 제406-2015-000143호

ISBN 978-89-460-6303-7 03300 (양장)
ISBN 978-89-460-6338-9 03300 (반양장)

Printed in Korea.
※ 책값은 겉표지에 표시되어 있습니다.